好女人都是狐狸精?

李意昕◎著

女人不壞，男人不愛

對於流行語言，我一向木訥。

難得說了一句刺耳的「男人不壞，女人不愛」，卻被朋友嘲笑我的落伍——如今流行的竟是「女人不壞，男人不愛」。

細細咀嚼著這句話，我漸漸明白了其中的真意。難怪每次在大街上給男友指點美女，他都會不屑一顧地逆著我手指的方向看去，回去再翻翻史書，才發現，從古至今，男人眼中的美女和女人眼中的美女都不是一樣的。尤其是在這個男人們動輒就患審美倦怠的時代，男歡女愛的故事更讓人頭暈。

男人不稀罕美女

親愛的，如果妳走在大街上，前面或後面猛然竄出一位男士，前來搭訕說：嘿！美女。妳可千萬別激動，因為如果沒有非常特殊之情況，那幫人見了50歲老太婆也會這麼叫的。雖然美女經濟還風潮不減，但是美女已經相當廉價了。不是本小姐貌不如人心生嫉恨，不是我吃不到葡萄就說葡萄酸，只要妳腦

中裝著幾個字，妳就知道物以稀為貴的道理，在現代醫學條件下，只要妳有條件支付手術費用，美容醫生三兩下就能讓妳面目一新，不信妳可以到韓國走一趟瞧一瞧。美女如雲的時代已經來臨。所以，他們對美女並不稀罕。

男人不待見淑女

男人也不待見淑女。「關關雎鳩，在河之洲，窈窕淑女，君子好逑。」如果妳還在守著先哲的古訓走淑女路線，那妳就等著當個怨婦吧！淑女當道的時代早就過去啦！就算有個男人口口聲聲指引妳往賢慧的方向走，那他也是欺負妳的無知。其實，他們眼睛盯的、心裡想的、夢中見的另有其人。

從人性的角度分析，淑女無法激發起男人持久的積極性。淑女穿著規矩優雅，她們絕不希望成為人群的焦點，談吐內斂，有分寸。她們笑也規矩、坐也規矩。談八卦的時候她們通常微笑不語，狂歡的時候她們多半坐在角落。雖然看上去美輪美奐，看久了卻索然無味。

神明有神明的美麗，妖怪有妖怪的美麗，人類有人類的美麗。如果真的貌美如仙，談吐不凡，行為高雅，純潔的一塌糊

塗，那是神明的美麗，妳就指望在青燈古佛下過日子吧！男人會望而卻步的。男人欣賞蒙娜麗莎，但不會跟她過日子。

男人天生愛妖女

曾幾何時，狐狸精是個讓良家婦女恨之入骨的人，可是現在，要是有人當眾罵妳「狐狸精」，妳可千萬別動怒，這等於是把花魁的桂冠戴到妳頭上。

說一個女人是妖精，其實是個褒義詞，她們風情兼具性感，形神兼修，魔鬼身材是造物主的傑作，是讓人驚歎的花姿蝶影，但絕不是人造的豐胸、肥臀、蠻腰的性感。

她的肢體語言不會作放浪的暗示，卻對女人的韻味把握得恰如其分。即使她不動不搖，依然春光如洩，讀上去像一首風情詩。

她有天使般的笑容：她笑起來像天使。不會淫笑、狂笑，而是嬌嗔地笑，帶一點點女人的矜持，帶一點誘惑。

她的眼神迷離，春色蕩漾，勾人魂魄，但絕不狂野。讀得出明媚卻不滯澀。眼神裡讀得出風情萬種。

　　她的音色充滿磁性，悅耳動聽。但聞其聲，足以讓人想入非非。即使嗲，也不會讓人感到妖冶；適度纏綿，不會使人膩惡。

　　她相信風情是與生俱來的，風情需要自然地流露。賣弄風情，只會是蹩腳的表演。在調製風情的過程中，她永遠是個天才的調酒師，色澤品味俱佳，不會失手，更不會不到位。

試問哪個男人不喜歡這種女人呢？

　　男人總習慣把女人當弱者，認為可以輕易主宰。可是他並不知道，自己的命運已被聰慧的狐狸精掌握其中。古羅馬軍隊曾流傳一首歌：「凱撒征服了高盧呀，尼科美得斯征服了凱撒。」就是說：男人透過征服世界征服女人，女人透過征服男人征服世界。

　　　　　　　　　～願天下的女人都做狐狸精吧！

乖乖女在哭泣

女強人的委屈

第 三 章

狐狸精女人評彈

第 四 章

水煮男人

女人和女人在PK什麼

第六章

有權利不用過期作廢

找回失落的城池

「狐狸精」特訓營

第一章
乖乖女在哭泣

女人分兩種：狐狸精和賢妻良母。

絕大多數的賢妻良母最後變成了怨婦，

只是有人說出來，有人嚥了下去……

就連通透精靈的張愛玲都逃不出悲劇的命運！

聽聽那些乖乖女們都在說些什麼吧！

沉默的羔羊

　　可能是受傳統文化的影響深重，男人們總是對乖乖女從心裡充滿了期待和嚮往，男人心目中的乖乖女形象是這樣的：她們對男人非常殷勤，傾其所有，一味迎合男人的需要，而實際上對男人的投入多寡卻並不計較，她只是個盲目的付出者，一隻沉默的羔羊。

　　這一切，只因為她想不惜一切代價持續這種關係，可是結局真的像她們期望的那樣嗎？沉默就一定能換來天下太平嗎？

　　事實卻給了我們不一樣的答案。

乖乖女小檔案

姓名：葉子　　　　　年齡：23

居住城市：台北　　　職業：公司職員

陶晶瑩唱著《太委屈》：「太委屈，分手也只讓我最後得到消息……」我以為這只是一首歌，只是作詞家為了這首歌好唱才這樣設計的，可是直到某年某月的某一天，我才真正體會到這句歌詞的真實性，才真正體會到連「分手也是最後得到消息」的痛苦……。

一直以來，在他面前，我只是一隻低眉順眼的沉默羔羊，可是他卻一天比一天對我無所謂，直到有一天過火。妳能想像嗎？我和他交往了兩年，承擔了周圍所有的罪名，最後他卻和別人結婚了，原來我只是他們之間的擋箭牌而已。

我先做自我介紹吧！我今年23歲了，我是經過朋友介紹才到了他的公司工作。他是那家公司的老闆。

一開始我就是他的擋箭牌

在同一家公司裡，如果別人都是喝茶聊天混日子，而妳一個人卻在那裡不計酬薪地苦幹，那同事們會怎樣想妳？反正我一開始就遭到周圍同事的冷嘲熱諷。不但如此，他們還經常謠傳我和老闆關係不同，因為我不是透過招聘進來的，而是靠關係進來的，偏巧那時候他剛剛因為「第三者」離婚，他們就把我和「第三者」掛上了鉤。

那些日子，我非常鬱悶。可是我天生就不善言辭，受別人欺負時也不懂得反擊，只會本能地逃避，我只能辭職。

就是這件事情讓我們得以認識。

他知道了這件事後，嚴厲地批評了那些同事，而且還告訴大家，他之所以繼續讓我留下來工作，純粹是因為我工作努力。

其實他離婚真的是因為有第三者，只不過不是我。他和那個女人秘密交往了10年，結婚前就和她糾纏不清，結婚後兩人也一直藕斷絲連，當初他決定離婚，就是因為和那個女人約好了兩人一起離婚，然後再在一起。只是沒想到，他離婚都半年了，那個女的卻毫無動靜，所以他累了、倦了，想要放棄了。

他說他想找個人重新開始，而我就是他一直尋覓的那個人，因為我樸實、能忍讓，我所做的一切都是他不曾從其他女人那裡體會到的。我現在才明白，我的隱忍就是我悲劇的開始。之後，我們雙方都有了較深刻的印象。平時我加班很晚時，總能碰到他回公司，那時，他總會關切地叮囑我要小心身體。有時，我們還會一起討論問題。夜深人靜的晚上，黑漆漆的辦公室裡只有一角亮著燈，我們倆每人手捧一杯咖啡，低聲細語著……現在回想起來，還是覺得那段日子過得最充實、最幸福。

一天晚上，我們討論完公事後，他約我出去散步。十多米寬的馬路上，路燈昏黃，路人也很少，他向我表白了，他吞吞吐吐地問我，我們可不可以在一起，說那句話時，他的表情十分急切，也十分專注，我的心開始發慌，由心底向外的沒來由的恐慌。

我答應了他，不過是有前提條件的，我要他先理清和他那個「第三者」的關係。他要我給他時間處理，畢竟這不是一朝一夕能解

決的，希望我能諒解他，也希望我能相信他。可是實際上，我懷疑他根本就沒打算要徹底擺脫過去，每次我側面問他，他都含糊其辭說正在處理，於是我就乖乖地聽他的安排。

我承擔了所有的罪名，最終吃到的卻是他們倆的喜糖

我們的關係公開後，我一下子成了眾矢之的，同事對我總是一副早知如此的鄙夷神情；他的前妻更罵我是狐狸精，說我是拆散他家庭的兇手；他的父母也找上門來責罵我……

我是在他離婚後和他光明正大地在一起的，可是無形中，我卻必須承擔以前那個女人的全部罪名。只因為我喜歡他，我就必須一併地接受他的過去，只因為我選擇了和他在一起，在錯誤的時間做出了自以為是的決定，我就必須承擔所有的一切。

可是我無怨無悔，我只要知道我是愛他的，他也是愛我的，就夠了，我心甘情願為他付出，照顧他的衣食起居，暗中幫他打理著公司的一切，做他的棋子，一個有用的棋子，無論他的事業還是生活都離不開的棋子。

可是，當我聽他的話在為這些事情困擾得精神不濟，日以繼夜地為了他的事業拼搏，最後終於病倒的時候，他卻在青島陪那個女人——那個真正的第三者遊山玩水，因為那個女人終於下定決心離婚了！

事情是這樣的，他說青島有個專案要他去談，我一向協助他的

工作，也沒多想。我累得病倒了之後，躺在床上十分想他，就打電話給他。萬萬沒想到電話那頭竟然傳來一個陌生女人的聲音，那聲音聽起來很開心。我的心一下子跌到低谷，渾身冰涼。

我以為他會趕緊打電話解釋，可是他沒有，他一點都不在意我的感受，以致於從青島回來了，都沒有提這件事。

過了幾天後，我還是忍不住問了他，雖然真相很殘酷，我還是控制不住想知道。我問他：「那個女人是誰？」他面無表情地看了我一眼，慢條斯理地告訴我，「妳不是早就知道了嗎？還用問？」

這樣的回答足以讓我心碎一萬年。

我們最終只能分手了。昨天，他拿來喜糖給大家吃，他說他要結婚了，和那個女人，他說大家都必須吃這些喜糖，這樣才顯得喜氣，他還說希望大家都來參加他的婚宴，這樣才夠熱鬧，他的新娘子才會開心。喜糖含在嘴裡，我不知道自己嘗到的是酸還是苦⋯⋯

其實這一切，旁觀者早就知道了，只是我一直被蒙在鼓裡，如果說戀愛中的女人都是傻瓜的話，那我是最笨的一個。是該離開的時候了，我決定離開他的公司，遠離他的生活，從他的視線裡消失。書上說性格決定命運，的確是啊！我太沒有心計了。

幕後英雄的結局

　　幕後英雄，乍聽起來是個很光榮的角色，其實在任何戰場上，幕後英雄都不是個廣受歡迎的字眼，沒有人喜歡活得那樣憋屈，人生短短幾十年，與舞臺上的無限風光比起來，燈火闌珊處的黯然算得了什麼呢？即使勞苦而功高，可是誰有耐心欣賞呢？有時候就連受惠者本人也未必領情。

乖乖女小檔案

姓名：小傅　　　　　　年齡：35
居住城市：香港　　　　職業：佛門居士

　　我是成功男人背後的女人，可是在他的背後，我越站越遠。我不斷做出讓步，直到退到了佛門。

做他背後那個任勞任怨的女人

我的丈夫現在是億萬富翁，可是在他年輕時一貧如洗，當過建築工和推銷員，沒有固定工作，家境也不好，還有一群年齡參差不齊的姐姐妹妹，這種貧窮而又多姐妹的人家，是沒有女孩願意嫁給他的，而他先後交了5個女朋友也都告吹了。

可是我卻嫁給他了，不嫌棄他的貧窮。在經過漫長的戀愛後，我們結婚了，不過只能算是事實夫妻，因為沒有結婚證書。他說，感情的事不是靠一張證書來決定的。我們有真摯的感情，終身伴侶不需要那張證書。

我也是這樣想的，婚姻不是一紙契約。因為愛，我什麼都聽他的，可是後來的生活證明，沒有那張證書讓我處境多麼尷尬。因為愛，我心甘情願做他背後任勞任怨的女人，一直默默地站在他身後支持他的事業。為他挑選最合體的衣服，規畫發展方案，照顧他的飲食起居，打理他的一切事務。卻從不能在公眾場合露面。

功成名就，站在他身旁的不是我

經過漫長的艱苦奮鬥，他終於成功了。可是我卻不能站在他的身邊了。因為他的身邊有了一個年輕的漂亮女人，這個女人什麼都不需要為他做，只是很崇拜他。

歲月的流逝使我變得蒼老，再也沒有青春靓麗的容顏，只有一身勞苦，一臉滄桑，怎麼能比得過他身旁年輕美貌的女人。而他沒

有變老，他根本不像五十多歲的人，有我為他打理一切，他萬事無憂，自然顯得年輕。歲月的風沒有吹皺他的臉，只是平添了他的風度。他說在我身上找不到激情，他說我不需要他的呵護，因為我可以自己打理好一切。而嬌滴滴的漂亮女人則不能沒有他的呵護。我不知道這樣的說辭算不算強盜理論。

年輕的女人為他生了兒子，更是備受呵護，他買給她上千萬的房子，一家三口幸福美滿地過著日子，在親友的面前露面，出國旅遊。而我卻在我們曾經居住的老屋，一個人孤獨地度日。我一個人住，午夜夢迴，他不在身邊，沒有人在我半夜醒來時拉著我的手，真情地說他是我的依靠。失眠的夜，沒人知道我的孤單。

我一個人住，在佛門古寺洗盡鉛華

我最終來到佛的面前，做義工，我廣做善事，行善積德。看到老人院裡的孤老太太可憐，請她們吃飯，談笑風生。可是我知道我跟她們一樣，都是沒有丈夫，不同的是，她們的丈夫死了，而我的丈夫活著，但卻不在我身邊。

我和丈夫，如同鏡子的正反面，我在背面，他在正面。正面的鏡子照見後來人青春靚豔的容顏，卻永遠照不到我曾經的付出。我一個人住，吃齋念佛，度過一個一個寂寞冰冷的夜晚。只有佛經，才能讓我的心靈寧靜。

我洗淨鉛華，心如止水，愛情早已與我絕緣。

被遺棄的肋骨

　　肋骨的故事相信大家早就聽膩了吧！說什麼上帝拿男人的一根肋骨造了女人，從此之後女人就開始了漫長的尋找肋骨的過程，無論找對還是找錯，就一輩子連吃奶的力氣都使上了，安分守己，心無旁鶩，老老實實地做穩那根肋骨，讓男人看起來更完美，生活更和諧。

　　可是即使這樣，也難保不被遺棄。愛情一向就是不等式，有時候，百分之百的付出能換回百分之五十的回報就不錯了。

乖乖女小檔案

姓名：無花　　　　　　年齡：26
居住城市：深圳　　　　職業：職員

這個夏天，和男朋友交往一年了。狂熱期過去，驀然發現，我的生活好像完全是以他為軸心的。

兩人世界，他是我絕對的統帥

無論什麼時間，哪怕深更半夜，只要他來了電話，即使沒什麼理由，只要他想見我，我立刻在5分鐘內將自己打扮得光鮮亮麗和他會合；明明根本沒有旅遊計畫，閒聊中他只輕輕一句：「想出去走走。」我也會快速安排好手頭的工作，請假和他一起出行。

有時候，看看身邊單身的失意女友，為了找到一個有感覺的人而苦苦尋覓，便安慰自己：有愛情就夠了。可是自我安慰之餘，總是隱藏著淡淡的失落：為什麼他總是在兩人世界中充當著絕對的統帥，我只能一味地服從他？

剛開始熱戀那一個月，他比較重視事先安排時間，後來卻往往是臨時想到，突然下令：「陪我去買東西！」、「晚上有沒有空？」

在我過生日那天也是一樣，等到傍晚，都還沒有消息。以為他忘了，沒想到九點鐘才接到他的電話：「走吧！今天是妳生日，我請客！」

其他像情人節這種日子的相約，就不必說了，他總是拖到最後一秒才發出邀約。而每當我主動約他時，他的藉口不外乎是：「這段時間很忙。」、「我好累啊！」有好幾次，我也想反抗，以其人之道還治其人之身，讓他體會一下被拒絕的滋味。但是，每當電話響

起，聽見他的聲音，我又立刻投降，完全狠不下心。

我是他的愛情速食麵

就這樣，無奈地被他「吃定」，十分委屈卻又無法叫停。閨中密友看著我這樣，大叫：「他把妳當成『愛情速食麵』，笨女人。」

那時候我對好友的話並不以為然，我甚至天真地幻想，做他的愛情速食麵並沒有什麼不好。管它速食麵還是手工麵，只要他喜歡就好，反正他離不開我就好了。

我甚至在想：對他那樣的男人來說，愛情也許最好就是速食麵，省事就好，也許，哪天晚上吃上癮了，也不在意拿來當主食。加點蔥花，打個雞蛋，不亞於正宗料理的美食。

所以，我依然把他視為我生活的全部，把全部的時間都花在他身上，他在的時候，我服伺他、愛他、戀他，他不在的時候我等他、想他、念他。

他說玫瑰還是帶刺的好

壞就壞在，很多戀人不懂得珍惜和疼愛。妳給他方便，他就把妳當隨便；妳體諒他生活忙碌，又不善於規畫時間，久而久之，他就變得不尊重妳，拋棄妳，就像拋棄一根食之無味的雞肋。

我就是這樣的下場。

好在他還是個誠實的男人，他沒有欺騙我，當他遇到心中帶刺的玫瑰，他在第一時間告訴了我，我感動他的坦誠，可是我覺得自己像個可憐的小丑，帶刺的玫瑰竟然可以讓一個男人如此果敢，相比之下，肋骨是那麼可憐。

　　「我知道妳是世界上對我最好的女人，可是妳讓我無形中感覺到一種壓力，從妳身上我找不到激情，我害怕自己負擔不起妳的深情。」

　　這就是我的愛情統帥給我的答案。

　　「難道死心塌地愛一個人有錯嗎？三心二意才是灑脫嗎？」我搞不懂。

　　「她和妳不同，她是個獨立的女孩，和她在一起我很輕鬆，反正就是沒什麼壓力。」這是他對愛情最後的告白。

　　我一點都不恨他，失戀的過程是一個成長的過程，痛定思痛，我的確是太軟弱了，肋骨的愛情註定無法長遠。

在老婆和情人之間徘徊

　　這年頭，情人無疑是一個點擊率比較高的字眼，那天晚上，我極其無聊，又睡不著，於是突發其想，就在**MSN**上訪問了很多男人同一個問題：老婆好還是情人好？

　　我調查的男人年紀都在三十到四十之間，極少有人否認他有情人，只有一個人說老婆好。還有人說這不在一個範疇無法比，我說不就是兩個或者幾個女人，比比看吧！最後他說情人好。也有人警覺性很高，問我怎麼知道他有情人？

　　看來男人對婚姻的忠貞度是呈負數的，這要是做個統計表出來也挺嚇人的，天下老婆何其悲哀啊！辛辛苦苦相夫教子，上上下下打理著家庭內外，到頭來連個印象分都撈不著。於是乖乖女們開始省思了：到底是按部就班乖乖地當老婆，還是不按常理出牌，做個

女人背後的女人呢？

乖乖女小檔案

姓名：圓圓　　　　　　年齡：32

居住城市：台中　　　　職業：鋼琴老師

　　我一直夢想，想要有一個單純的愛情，可是現實卻不然，我是一個男人的老婆，又是另一個男人的秘密情人。我找不到幸福，我從來不為背叛而譴責自己，因為我的感情是那麼濃烈而專一，可能真的是造化弄人吧！我只能在丈夫和情人之間徘徊。這一切，都是乖巧惹的禍。

我是個忠誠賢慧的老婆

　　沒有哪個女人天生就是情人專業戶，我也一樣。到現在，我也不承認自己是個花心的女人，我一直幻想把愛情和婚姻結合在一起，讓愛情在婚姻中保鮮。

　　可是老天沒有給我這樣的機會。我和我的丈夫濤是在一次聚會上認識的，很浪漫的一個開始，我們一見鍾情，每個女孩的心目中都會有一個白馬王子，從見到他的那一刻起，我就感覺他就是我的Mr. Right，我終於找到了回家的感覺。

　　他是某醫藥集團駐台中辦事處的經理，比我大三歲，很完美的年齡搭配。我和濤都是很保守的人，我們並沒有閃電結婚，從戀愛

到結婚經過了將近兩年的交往。我們都是對婚姻負責的人，家庭觀念很重，到現在也是。

婚後，我為他改變了很多，很多人都不敢想像，像我這樣從藝術學院出來的「鋼琴公主」能下得了廚房，像我這樣從小被父母驕縱慣了的千金大小姐能為了迎合他的工作出得了廳堂。可是為了愛情，再多的努力我也願意，為了心目中的真愛，我情願拔掉自己的一身利刺。只為換來白頭到老的愛情神話。

以前我有好多的追求者，但是自從認識他，除了工作需要以外，我幾乎斷絕了和異性的一切往來，我手機上儲存的號碼，只要他不高興，我馬上刪除。無論他多早起床，我都會把早餐按照營養學的要求準備好。

就連他自己也經常捧著我的臉說：「這麼好的老婆，到哪去找呢？」我信任我老公的本質，我知道他不會找別的女人。可是職場上的桃色陷阱，誰能預防得了呢？

一條曖昧簡訊徹底打翻了我的醋罈子

一切都是如此的順理成章、水到渠成，很多人都說我們是金童玉女，我們的結合就像是合併同類項。

可是對於婚姻，這些話說得未免太早。我永遠忘不了那個深夜，凌晨一點多鐘的樣子，那刺耳的簡訊提示鈴聲，就像午夜凶鈴一樣叩開我們幸福的家門。

丈夫睡得很熟，可能出於女人的第六感吧！我再也睡不著了，其實我沒有看老公簡訊的習慣，可是那一夜，我像著了魔，深更半夜，是誰還在惦記著我枕邊的男人？我搖醒了濤，和他分享這一夜的簡訊，內容很簡單：你睡了嗎？

好隨和的口氣啊！一下子刺痛了我最敏感的神經，除了我以外，是誰在我看不見的角落暗自關心著我的丈夫？我的心嫉妒得好痛。可是我並沒有對他問個水落石出，在他面前，我一直是個乖乖女，這已經成了定局。

那條簡訊是我痛苦的開始，從那以後，老公就不像以前那樣大方，隨意地把手機亂放了，他經常有意迴避我，有一次竟然還故意躲在廁所發簡訊。

我用虛無的網戀平衡著失衡的心理

醋意一旦被激發，和愛情一樣，往往覆水難收。因為疏於和朋友聯繫，我只能到網上尋求幫助。我是個兼職的鋼琴老師，所以我有大把的時間可以自由支配。

網路是虛無的，我只想找個人訴說自己的鬱悶，平衡自己的內心。我從來沒有背叛或者報復老公的打算。可是這很難掌握。當然這是後話了。

在網上，我認識了君，君住在台北。一開始我只當他是一個網路過客，聊了幾句覺得他可以是個陌生的朋友，再後來他就成我的

知心朋友了。

他優雅的談吐，思維的深度，足以當我的心理諮詢師。

在老公面前，我還在繼續著我的乖乖女形象，沒辦法，濤已經習慣了我的這一招牌動作了。可是在君面前，我完全由著自己的性子來，就像一個刁蠻的公主。

慢慢地，我習慣了君給我的安慰，直到離不開。

我們網戀了，我不是個能控制自己感情的女人，女人大抵都是這樣的吧！從見面到發生關係，只用了短短的幾個月時間。

我已經出軌了，從靈魂到肉體。

我做了君的情人，我們都是已婚的人，從一開始我們都沒給過對方希望。可是要女人守住一段秘密情感好像比登天都難，我不想對不起別人，也不想為難自己。

可是君卻始終死守著自己的原則不放，雖然他愛得一塌糊塗，但是他告訴我的都是：我們的愛情沒有未來。

給我一份篤定的愛情，我會守著他們其中的任何一個慢慢變老，可是他們都無法給我，我不知道自己錯在哪裡，我不是個幸福的老婆，也不是個快樂的情人，可是我真的是個賢良的女人，難道乖巧也是錯誤？

我的愛情找不到出口。

再見，隱形寶貝

不知從什麼時候開始，那些經濟上獨立、精神上堅強、活力又青春的女孩子，在一個又一個男人的背後，慢慢地變成了一個又一個的隱形人。

需要提醒的是，不要把隱形寶貝和情人，還有名聲不佳的「二奶」同日而語，因為那個擁有隱形寶貝的男人通常是未婚的。

男未婚、女未嫁，本該是金玉良緣，可是由於男人的自私和女人的乖巧，境遇還是尷尬得一塌糊塗。

乖乖女小檔案

姓名：波兒	年齡：31
居住城市：高雄	職業：行政管理

　　我是個台北女孩，但卻在高雄工作，台北人在高雄，多少有點水土不服，就連愛情也如此，不知何故，總感覺高雄的男人們都像一糰沒有揉開的麵，我一直沒有遇見能喚起我內心激情的男人。就這麼一直單身，直到遇見了阿雷，這時我已經27歲了，阿雷33歲。

玄武湖畔，我漂泊的心被他溫暖

　　阿雷是台北總公司派駐高雄分公司的總經理，他來高雄時，我正準備跳槽。辭呈遞到了阿雷的手裡，「怎麼，我剛來妳就走？」這是阿雷見到我說的第一句話。「不是這樣，我想回學校讀書。」

　　「念什麼？」阿雷追根究底。

　　「……MBA吧！」我真的不太習慣這樣咄咄逼人的對話。

　　「那妳就不用念了，明天來做我的辦公室主任吧！會比學校的MBA學得更多。」阿雷的自負讓人反感，但那種不容置疑的口氣又讓人不免有些意願服從他的決定。好奇怪的感覺，我竟然不由自主地留了下來。

　　2002年終，公司尾牙結束後，阿雷叫住了我，說要送我回家。坐在副駕駛的位置上，我一言不發，車裡靜謐的空氣中，彷彿有暗流在浮動。車在愛河邊停了下來。下了車，阿雷走過來，輕輕地拉住了我冰涼的手，什麼也沒有說，牽著我走。我的手在阿雷溫暖的手掌裡安靜地蜷著，兩個人都那麼平靜，彷彿早已相識多年，一切是那麼自然和諧，那麼水到渠成。

阿雷在湖邊站住，轉過來對我說：「妳是我見過最優秀的女孩子，妳能明白我的所有決定，我非常信任妳。」

我笑了笑：「你就那麼相信自己的判斷？那麼肯定能留下我？」阿雷也笑了：「看見妳就好像看見幾年前的我，我們其實是同一類人，有心靈感應的。」這一夜，寒冷的愛河邊，我的心很溫暖。

他是我的砒霜，做他的隱形寶貝已成定局

整個春節假期，我們盡情享受著愛的甘露，那是一種快樂得要飛的感覺。可是美麗的東西總是如此短暫，來不及細細品味就轉眼消失。上班的頭一天夜裡，我和阿雷又去玄武湖散步。涼涼的風讓熱熱的臉感到十分清爽，我靠著阿雷的肩膀什麼也不想說，回想起我們牽手的那一夜，甜美得彷彿是夢境。

阿雷動了動肩膀，說：「波兒，跟妳說件事。」「嗯？」我沉醉得懶得說話。「是這樣，波兒……我不想公開我們的事情，畢竟在一起工作，又是上下級關係，我怕會有不好的影響。」阿雷的這句話，給我狂熱的大腦淋了一盆冷水。

「為什麼？我們戀愛是很光明正大的事情啊！」我急切地說：「難道，你已經有老婆了？」

「不，波兒，妳看，我剛到高雄就和下屬戀愛，這樣集團公司的負責人會有意見的，而且，別人也會在背後議論妳，也不方便妳在公司的工作。」

「我⋯⋯」看著阿雷一臉真誠的樣子，我竟一時不知道該如何辯駁，儘管我對這個理由非常懷疑。

阿雷握著我的手，語氣很誠懇：「波兒，妳是個很聰明的女孩子，一定能夠瞭解的。」阿雷的話滴水不漏，我亦不知道該如何回應，竟然就在我的失語與沉默中默認了做他的「隱形寶貝」。

為了有更多的時間相處，阿雷在離公司較遠的地方租了一間公寓，我們同居了，我亦開始照顧他的生活。每次看見他吃完了我烹製的美味佳餚，躺在沙發上看著電視，無限滿足的樣子，我就打心裡覺得幸福，多像一個家啊！如果，這真的是一個家就好了。

我只想要一個家，這個要求過分嗎？

一天晚飯後，我和阿雷一起去超市，看見一個同事，阿雷猛然甩開我的手，閃到了貨架的後面，扔下我孤零零地站在那裡，被甩開的手有一些陣陣的痛。還不僅僅是痛，那種被拋棄的強烈屈辱感排山倒海般向我襲來。

那天晚上，面對著阿雷，我把這一段時間來積壓的委屈全部都爆發了出來：「難道我們的關係見不得人嗎？我不想做你的地下情人，我不想做見不得人的事！」

阿雷任由我哭，任由我鬧，等我平靜了以後，他抱著疲倦的我說：「我們清清白白，沒有什麼見不得人的，但是我做事情喜歡水到渠成，現在還不是公開我們關係的最好時機。妳一定要相信我，

妳的那種軟弱的心態一定要去除，做我的情人，要堅強。相信我，我答應過妳的一定會做到！」

不對，不對！其實阿雷每次說的話，我都感到哪裡不對，可是我說不出來，他永遠都是那麼冠冕堂皇，那麼滴水不漏，從理論上我找不到一絲破綻，可是，為什麼我感覺不到幸福？

在後來的日子裡，又發生過幾次類似的爭吵，我甚至不回「家」，但每次都被阿雷振振有詞的藉口給說服。

有一段時間，我甚至懷疑我的智商是不是真的出了問題，甚至懷疑自己有歇斯底里症，真的頭腦不清醒。每次明明都是阿雷不對，為什麼到後來就是我不明道理，甚至無法辯解呢？

不可否認的是，我是真的愛阿雷，才會一日復一日充滿期待。疲倦了爭吵，一路走來，做他的「隱形寶貝」已近三年，他成了我的砒霜，我的宿命。

可是我知道女人是經不起時間的蹉跎，我該怎麼辦呢？

上帝的老婆

　　世界上絕對沒有完美的男人，但絕對有完美的女人，這樣的女人是天使。天使女人是上帝的使者，她們雙眸明媚清澈、純真無邪；從飄落人間的那一刻起，繁花似錦的人間萬物使她們驚喜而好奇，天使懵懵懂懂地看著人間生命神奇的輪迴，萬物的生長……。

　　天使女人有著溫柔的母性，嫻靜而文雅；她用母性的光輝溫暖他人。天使女人是可人的，使凡夫俗子不敢有褻瀆之心；在她身上折射出可愛、迷人的天使之光使人純淨、安詳。天使女人是萬物之精靈，她們身上所折射出的聖潔的天使光環是天性、自然的回歸，是在無時無刻呼喚上帝的親吻，以指引她通向天堂的回歸之路！

　　可是這樣的極品女人卻往往時運不濟，我們以上所說的乖乖女多半屬於此等，沒有人敢把天使女人娶回家。這就是天使女人的非

天使命運。

《東京愛情故事》已成為日劇中當之無愧的經典，鈴木保奈美因這部片子成為一代日劇女皇。那麼還記得莉香的微笑嗎？據說可以溫暖全世界，可是卻唯獨沒有溫暖那個呆呆的傻小子——完治。

莉香是白羊座的女子，和她的星座一樣，她是當之無愧的天使女人。對大多數女人而言，愛就意味著被愛，然而她不管再怎麼愛完治，都不曾給過他一絲壓力，她始終在付出，幾乎忘了自己。她是那麼可愛，那麼認真，那麼完美。天底下所有好女人的優點都集中在她身上了。

可是《東京愛情故事》的結局，完治選擇了里美——那個平庸無奇甚至有點惡俗的女人，完治為什麼不愛上莉香？觀眾有些憤怒了。那個時候我還在上中學，我所有的朋友和同學都一樣，喜歡莉香，討厭里美，看完片子之後，我們都大罵完治是個傻瓜，像莉香這樣既有情趣又重感情的女孩到哪裡去找？

長大了，戀愛了。我才發現男人個個都是完治，天使的命運彷彿註定是個悲劇，原因很簡單，沒有人敢把天使女人娶回家。天使女孩只適合上帝，而上帝沒有老婆。所以，在愛情海上，天使女人註定是隻無腳鳥。完治並沒有錯。他有過去，有暗戀的女人。莉香的出現只是適時的填補了他的寂寞。他寂寞的時候，需要一個陽光一樣的女人——莉香，而進入沉沉的夜裡，在他夢境中的，一直是他沒有實現的纏綿。

執著，也是男人可愛的一面，譬如完治。

完治是個可憐的男人。他對突如其來的愛情有些措手不及。泛黃的舊情還供在桌上。他原本就沒有打算把它拿走。有時候他也在想，是不是該換新的了？

他腦海裡浮現她燦爛的一如陽光般的笑容，剎那的心動，旋即又冷卻了熱情。他只是想享受點火的熱情，還沒等劃燃火柴，它就自己燃燒了，差一點燒了他的眉毛。他搖一搖頭。

錯的是莉香

始終學不會瀟灑的揮手，只會在遠行的火車裡沉吟，遠遠的對著他生長的地方深深的微笑，我想去完治生長的地方！

莉香的愛情我是明白的，如果妳熱烈的愛上了一個人，希望他的根深植妳的生命，不遺漏每一個小時候的細節。

這也是一種愛情的表現。不一定是要接吻，要擁抱，要纏綿。他曾在那棵樹下大笑，這是他小時候爬過的樹！莉香偷偷的用心去擁抱這棵樹，好像擁抱那個久遠歲月前的孩子。

莉香在靜靜地燒著，有些獻媚的樣子，多浪費了三分鐘的表情。三分鐘後，她就發現了她的可笑。可是火停不下來。完治咧著嘴，在一旁傻笑。每一個男人都是完治。如果妳選擇做莉香。

良家婦女綜合症

　　女人對男人太好，過於遷就男人，男人反而不會珍惜。這就是所謂的「良家婦女綜合症」。

　　那個對愛情看透的絕頂聰明的張愛玲，也曾患過這樣的疾患，她是一個癡情的女子，胡蘭成和別的女人私奔了，她還眼睜睜地跑過去給他送錢；渾身雅豔，遍體嬌香的杜十娘，跟著書生李甲回鄉，還不是在路途上就被所愛之人給賣了，演繹出千古流傳的《杜十娘怒沉百寶箱》；大玉兒一心輔佐皇太極，末了還不是失寵於後宮，差點連兒子的皇太子位都不保。

　　反倒是北宋文人陳季常，娶的妻子柳氏，被當時的文人蘇東坡譏諷為「河東獅吼」的女子，「兇悍」地管著丈夫，不讓他外出花天酒地，結果，丈夫功成名就，亦與妻子白頭偕老。不過這是特例。於是有少數聰明的女人先知先覺，告誡女性同胞：當心良家婦女綜合症。

　　於是當代「訓夫」之道便成了：做女人，千萬不能太好。女人要想留住男人，無論如何，一定要把他「馴服」，不能當良家婦女。至於手段，就是仁者見仁、智者見智了。男人是一匹野馬，不馴服，由著他放肆奔跑，傷心流淚的最後一定是女人。我有一位女

友，容貌普通，事業平平，可是男朋友對她就是千依百順，存摺如數繳回。別說找情人了，就是自己買些稍微貴重一點的東西，也一定會向女朋友請示；回家，不需要吩咐，就低頭擦桌子、拖地板，將汗水默默傾灑在家裡，標準的好男人。

男人與女人不同，有時那些外表看上去痞味十足，而其實內心溫柔善良的男子，對女人殺傷力最巨大，如《飄》裡的白瑞德；而女人恰恰相反，內心越有心計，外表越要溫柔，如林黛玉。如果林黛玉和寶哥哥成了親，寶哥哥十之八九會是「妻管嚴」。而最上乘的「馴夫術」，就是將霸道、精明融入在溫柔、撒嬌之中，正如古龍小說裡的人物那樣，小手輕輕一揮，小嘴輕輕一撅，再剛強倔強的男人也會「灰飛煙滅」。

如果妳想做個這樣的女人，讓妳愛的男人一生和妳相伴相依，眼裡容不下別的女人，有意見分歧的時候包容妳，最多罵妳一句「小狐狸精」，那麼切記：要有個性，要有主見，對男人不要過於遷就。

女人不壞，男人不愛。這與年輕貌美、賢慧能幹無絕對關係，妳需要的，就是智慧，並且一定要克服女人天生心軟的毛病，將愛情看成一場戰爭，在戰略上重視男人，在戰術上漠視男人。

管住了男人，幸福還會遠嗎？

第二章
女強人的委屈

世界上有三種人，男人、女人、女強人，

功成名就的女強人聽了這句話可能會暴跳如雷：這簡直是誣衊，

快別當個死硬派了，這就是妳的要害。

記住：再強的女人終歸是女人，不要自己刁難自己。

男人、女人、狗

在遇見下面這個女人之前，我也從來不曾把狗和男人相提並論，雖然本小姐一向離經叛道，但不至於到這種地步。可是聽了她的哭訴，我的思維不得不在男人、女人、狗三個名詞之間開始徘徊了。

女強人小檔案

名字：玲　　　　　　　年齡：39歲
居住城市：天津　　　　職業：老闆

昨天晚上我吃了幾十顆安眠藥，要是別人早就該搶救了，但我沒事，都已經習慣了，將近三年時間，我幾乎天天大把大把地吃藥，就算這樣我還是睡不著覺。現在我頭暈得厲害，眼前還恍恍惚

惚的，但我一定要說出來，我心裡非常壓抑，再不找個人說出來就會崩潰了。

我是他的搖錢樹

我在事業上還算成功，可是我不明白為什麼偏偏在感情上就那麼難，我付出了真情，結果卻總是讓我失望。

我22歲時嫁給李偉。李偉那時候很瘦，175的身高，體重還不到七十公斤，結婚之後才發現他體弱多病。不過我並沒有耿耿於懷，既然生活在一起了就得凡事往好處想，他身體不好，那我就多做一些，這沒什麼。

結婚一年後我們有了一個女兒，這時候生活的艱辛就凸顯出來了。那時候我在工廠上班，公公婆婆有自己的工作，沒人幫得上忙，一家人的責任全由我自己扛著。萬般無奈下我只好辭去廠裡的工作待在家裡。

女兒滿一歲後，我開始賣早點，天天早晨四點多在馬路邊賣燒餅。這種生活我覺得很幸福，丈夫忠誠老實，孩子也聽話，辛苦一點也無妨。

有點積蓄以後，我開了一間賣冷凍鮮肉的小鋪子。李偉很少來幫忙，偶爾玩夠了牌來插一下花。冷凍鮮肉的生意我做了8年，這8年時間我沒穿過一件乾淨的衣服，沒出去遊玩過一次。我把賺的錢幾乎都交給了李偉。

我這麼做有點傻對吧？但我覺得既然嫁給了他，他就是我的依託，我對他毫無戒備。

丈夫用我賺來的錢和另一個女人一起創業

1997年，我的事業有了起色，利用賣冷凍鮮肉賺來的錢創辦飯店，先後開了幾家，做得非常不錯。那陣子我還是像傻子一樣把賺來的錢都交給李偉，需要錢再從他那裡拿。

1999年，我的飯店裡來了一個促銷啤酒的四川小女孩，就是這個小女孩，讓我的婚姻走向了破裂。這個小女孩只有16歲，因為年齡小，所以我特別照顧她，像對待妹妹一樣照顧她。但我就是這樣被她趁虛而入，她來沒幾天就送了李偉一盒巧克力，李偉不知怎麼回事，還拿回來給我吃，我當時開玩笑地告訴他，送巧克力代表愛一個人。

但那真的是玩笑話，李偉不信，我也不信。我說不清他們之間是什麼時候開始的，對於很多傳言我都置之不理，可是後來有一個朋友告訴我，那個女孩子的父親在街上租了一個攤位，租金是李偉給的。

這件事終於引起了我的注意，我很受傷害，我找到李偉問個清楚，李偉供認不諱，不過他保證說要跟那個女孩子斷絕關係，我也就原諒他了，不原諒又怎麼樣？該發生的都已經發生了。

後來我知道李偉跟那個女孩子根本就沒斷。2001年春天我的生

意第二次轉型，我把飯店改成海鮮城，生意非常興隆。

那時候儘管有人一直提醒我要注意李偉和那個女孩子，但我沒放在心上，我把注意力都放在了生意上。

半年後，女孩子跑來找我，她說她懷孕了，要我必須在10天內跟李偉離婚。過沒兩天，女孩子父母也過來鬧，說他們的女兒要割腕自殺，李偉嚇得躲了出去。當天晚上，女孩子又約我出去，直言不諱地跟我說：「黃臉婆，妳能不能退讓？李偉很愛我，還為我花了很多錢。」

我說我不在乎，李偉不會離開我。其實我已經快崩潰了，我這麼說不過是在維護我的尊嚴，一點可憐的自尊。

回家後我就跟李偉提出了離婚，李偉跪下來求我原諒他，他堅決不同意離婚。但因為這件事，我開始失眠，精神變得不正常了。沒過多久，我住進了精神病院，每天吃十幾種藥來控制病情。

出院後，我性情大變，我聽不到任何聲響，也不願意看見李偉。所以沒幾天，我又住院了。那時我的身體非常虛弱，體重減了30公斤。那一段時間李偉在我身邊伺候。也就在這麼幾天時間，他才像個丈夫的樣子，他從來沒對我那麼好過。

但是出院後沒幾天，因為他要幫我過生日而我沒心情過，他又動手打我。他還跟我商量說：「要不妳也找個男人，這樣我們就扯平了。」他簡直無恥到極點。

離婚了我人財兩空

2002年初，我再次提出離婚，李偉不同意。後來我找婆婆談，我說我熬不住了，只有離婚才能救我。就這樣，在婆婆的幫助下，7月份，我終於跟李偉辦了協議離婚。

離婚時，李偉寫了一張4萬元的欠條給我，還給我買了一隻手機。這是結婚15年來，他唯一一次買東西給我。

離婚之後，我在外頭租了一間房子。當時我手裡只有3000元現金。為了生存，我幫別人賣早點，天天凌晨4點鐘起來工作到中午。工作了兩個月，手頭實在太緊了，我去找李偉要回債款，他給了，但他怕我耍賴，要求去做公證。我傷心透了，夫妻那麼多年，連這點信任都沒有。

我真的覺得他就是我養錯的一條狗，把牠養肥了，回頭反咬我一口。天理何在？

蒙娜麗莎的傷悲

　　不知妳是否去過羅浮宮，如果妳長時間地站在蒙娜麗莎的油畫面前，妳就能感受出她的微笑中隱含有一絲憂愁。

　　這可能也是這幅畫出名的原因之一。但是我在看這幅畫的時候，內心的不愉快要遠遠大於對藝術的讚美。有很長一段時間我一直弄不清楚，是什麼引起我內心的反感。

　　直到那一天我親耳聽到了「蒙娜麗莎」口述，我終於找到了答案。

女強人小檔案

名字：盈盈　　　　　年齡：30

居住城市：台北　　　職業：酒店管理

　　我在一家五星級酒店從事管理工作，依照別人看來，像我這樣的女孩子也算是小有成就了，對於我的物質生活，我自己也沒有什麼不滿意的，可是我並不覺得自己幸福，我對生活沒有滿足感，經常會莫名其妙地生氣，想找人吵架來發洩情緒。

　　我仔細地省思過許多次，都找不到確切的答案，今天我突然懷疑起我的工作性質了。妳知道嗎，做我們這一行的，天天要求穿水藍色的制服，髮型和化妝都有固定的樣式，工作時間也很固定，一班12個小時，人家6、7點下班了，我還得再笑著站幾個鐘頭呢！好不容易下了班，不是正中午就是晚上11點，根本沒時間休息。

　　我並不是那種愛玩的女孩，我很乖，一下班就回家，不會穿什麼奇裝異服，也不時尚；可能是因為在服務業待得太久的原因吧！朋友們都說我連睡覺都帶著微笑，一向都是穩穩當當的，不會有任何反常的動作。

　　可是說出來妳可能不信，我脾氣這麼好竟然有男人不喜歡，我男朋友剛剛因為這個原因和我分手，他說我太溫吞了，整天一成不變，四平八穩，後來他找了一個留超女頭、穿露臍裝的小女孩，聽說現在已經結了婚，我看過她，有點嫉妒，可是還是覺得自己做不到她那種樣子——雖然有時我也想像那樣瘋狂一些，可是大多數時間，我還是喜歡自己規矩一點。

　　我真的不知道自己怎麼了，一打扮，就覺得自己粉太重、妝太濃、妖裡妖氣的；和朋友出去，遇上的那些男人，言語粗俗、動作

粗魯，氣得我只想走，但有時候週末，沒人約我，一個人在家裡看電視看得好悶，突然想出去瘋狂，可是心裡有個聲音又在悄悄地說：「不行！不能放縱，否則就是壞女人了！」

到現在我還是孤家寡人，電視劇裡經常有那麼多的女孩子在酒店裡找到自己的愛情，可是我這個整天以酒店為家的美女為什麼從來沒有發生過「豔遇」呢？近水樓臺也不能先得月啊！真讓人傷心。最近我常在聽一首歌，林憶蓮的「男人久不見蓮花，開始覺得牡丹美」，真的聽得心酸酸的。

總是等不到發現我美麗的人，或許真的是良人難尋吧！但我真的不想過現在這樣焦躁的生活了，我需要一點東西來讓我平靜，哪怕是一次劇烈的燃燒也好。

觀音姐姐在流淚

　　觀音姐姐應該是幸福的吧！因為按照常理，好人應該有好報的。觀音姐姐普渡眾生，自然是快樂的。

　　因此，在大多數人的心目中，有著美麗外表的獨立、善良的女子也應該是幸福的，因為她有足夠的本錢讓很多男人癡狂，比如一直無條件地愛著他、等著他，不給他增添煩惱……。

　　但我認識的她卻痛不欲生，割腕，吃安眠藥，自殺過好幾次，只因她遇上了一個和她一樣有著「極度誘惑力」的男人。

> ### 女強人小檔案
>
> 名字：小雪　　　　　年齡：25歲
>
> 居住城市：武漢　　　職業：歌廳老闆

漂亮的小雪是歌廳的老闆，化著精緻的妝容，緊身深紫色毛衣和黑色A字裙，恰到好處地勾勒出她優美的曲線。當她沉思時，長長的睫毛覆蓋住低垂的眼簾，看上去猶如瓊瑤小說中走出的女子。

來自黑夜的誘惑

說來也巧，我是在今年情人節的那天晚上和蕭華相見的，那天我老公出差，孩子送回婆婆家了，我一個人待在家裡非常無聊，就響應朋友的「號召」去打牌了。

在打牌的過程中，我感覺到身後有個人一直在注視我，於是出其不意地回過頭看。我第一眼就被他帥氣的樣子迷惑了，他渾身散發著桀驁的氣息，連聲音都有著讓人無法抗拒的力量。四目相對的時刻，我突然如遭電擊一般。從來沒有一個男人讓我有這種感覺。

當他坐上牌桌時，我已心亂如麻，不敢直視他的眼睛。而他，除了看牌，就是深情款款地注視我。當知道我已結婚後，他瞇著眼睛自信地說：「相見恨晚啊！早點遇上妳，妳就是我的。」我一驚，他怎麼可以如此囂張？隱隱約約中我感覺會發生什麼事，為了避免，我玩了一會兒就回家了。

誰知我像中了魔一樣，想起他，我的臉依然發熱。但我當時覺得，這只是一個小插曲罷了，我可以一笑置之，畢竟，我不是情竇初開的少女。

本以為這件事就像飄落在水面的樹葉，泛不起一絲波瀾，卻不

料，它會給我的生活帶來軒然大波。

一個多月後，蕭華不知從哪裡弄到了我的電話號碼，打電話約我去吃宵夜。女人的第六感告訴我：不能去，去了一定會出事。因此，我很堅決地說：「不去。」說出這兩個字時，我似乎使出了全身力氣。他卻隔幾天就打電話來約我一次。我的拒絕一次比一次顯得吃力，到第四次時，「不去」這兩個字，終於被輕輕的一聲「嗯」給取代了。

那晚，我們喝了很多酒。當他說要去賓館時，我毫不猶豫地拒絕了他。雖然我開歌廳，但從小家教甚嚴的我對男女之事還是看得很重的，可是當他用力摟著我，霸道地給了我一個長長的吻後，我就不由自主了。瘋狂之後，我被自責和愧疚壓得喘不過氣來。

出了賓館，我不停地往前走，而他緊緊地跟在我身後。在河邊坐下來，我問他：「你喜歡我什麼？我是一個3歲孩子的母親，我老公對我很好。」他說愛一人不需要理由，看著他那雙深情的眼睛，我知道我中毒了，中了愛情之毒。那晚，我沒有回家。

跳入一場噩夢

其實，我和老公也曾有過轟轟烈烈的愛情。

這幾年，我們的感情一直都不錯，可愛的兒子更是我們這個家最強的黏合劑。我不明白，為什麼一遇上蕭華，我會將以前的一切都否定了呢？我甚至覺得直到遇到蕭華，我才知道什麼是真正的愛

情。我想：我是不是瘋了？

今年8月，蕭華向我提出了離婚的建議，我捨不得我幸福的家庭，可是看著他無助又熾熱的目光，我覺得他像個求助的孩子，我如中了魔法般只知道點頭。回到家我就向老公提出離婚。老公和我一樣善良，他沒有罵我，更沒有打我，只是沉默地按照我的意思去做。

第二天一早，我就提著行李和蕭華住在一起。蕭華的爸爸在澳洲，他也準備去，但簽證一直辦不下來。直到這時，我才知道30歲的他從未正正經經上過一天班，打牌、唱歌就是他每天做的事。

每個月，他父親都會從國外寄一筆錢過來，而他每個月從他媽那裡領零用錢。我勸他：「現在辦澳洲的簽證很難，你可以邊工作邊等。」他卻說上班太累了，扣除各種開支，賺的錢還不如他媽給他的零用錢多。我一時無語，這麼多年他都是這樣過來的，我也不好多說什麼，既然選擇和他在一起，就要接受他的生活方式。家裡一切開銷都是我來支付。

不僅如此，他一天比一天過分，有一次他竟然把我的戒指拿去賭錢。還有一次，凌晨3點，他醉醺醺地回來了，嬉皮笑臉地吻我，說知道錯了。我氣憤地說：「你從未真正關心過我，只知道自己開心。我可不是你以前的女朋友，我絕不會花錢養男人。」話一說完，他的臉色就變了，一拳打向我的左眼。

事後，他求我原諒他，說他是受不了最心愛的人侮辱他才失控的。看見他流露出深深的悔意，看見他乞求的眼神，我原諒了他。我想我一定是上輩子欠他的。

和他在一起後，我發現經常有女人晚上11點以後打電話給他，我問是誰，他說是糾纏他的女人。之後，他回家的時間越來越晚，後來乾脆整晚都不回家。而我在對他深度失望和對老公、兒子愧疚的心理壓力下，開始痛恨自己，我恨我為什麼會被他的外表迷惑，為什麼會狠心離開老公、兒子，我更恨自己到了這個地步還是離不開他。

除了死，我想不到別的辦法解脫，我自殺過好幾次，吃安眠藥，割腕，每一次都被好友救了回來。而他卻對此視若無睹。

現在的我不知道何去何從，前夫每天都打電話給我，說兒子很想我，等我回家，以前的事就當作沒有發生過。可是我有何顏面去見他們父子呢？當初離開時，我可是一口認定自己找到了真正的愛情啊！

情願當個菟絲花

女人，太強是罪。妳信嗎？

情願當個菟絲花，也不要當女強人。妳信嗎？

可是這是一位女強人的告白。

第一次坐飛機時，我坐在中間的位置，在我旁邊隔著走道坐著一位靜靜看書的女孩。為了打發無聊的飛行時光，等她合上書以後，我開始和她聊天。

這時候我才知道她原來已經30幾歲了，她的兒子也已經4歲。這真是令我驚訝，因為看她的長相、神態和穿著，我一直以為她是一個大學的學生。

在接下來的談話中我得知，她是一個自主創業的女強人，大學

畢業幾年後經過自己的努力獲得了很大的財富。她的成功不是因為她有什麼背景，她的家庭很普通，所獲得的一切都是由於自己的才能。這些話並不是她直接說出來的，而是透過她的一些談話中我所分析出來的，而且我敢肯定她說的是實話。

她教了我很多，從做人到做事的各種方法，我覺得她很厲害，她所說的深刻的程度是很少有人能企及的，並且我覺得她的為人是誠實正直的。但有一句話我堅信她說的是假的。我問她為什麼這麼年輕，她笑了，告訴我，之所以會顯得比她的實際年齡年輕很多，是因為她的心態總是保持年輕和開朗。

可是我不覺得是這樣，儘管她顯得很快樂，但那笑容中彷彿夾雜著一絲隱憂。沒過多久時間我的預感就被證實了。

在機場安檢的時候，我聽到行李的出口處有人在吵架，我看到那個溫文爾雅的大姐正瞪著雙眼對工作人員咆哮，樣子真的很嚇人，完全不像剛剛那個靜靜淺笑的文雅女子。我趕忙過去，原來是在她的行李箱中有一瓶藥水被檢測出來，不被允許通過，她說那不過是治療皮膚過敏的普通藥水。當工作人員把藥水交給她時，她的手機吊飾卻不見了。

我什麼都沒有說，低頭找了找，在地面上找到了那個手機吊飾，還給了她。她當時的失態，似乎印證了我先前的那種感覺。在候機大廳，她執意請我吃霜淇淋。我們坐在椅子上，等著各自要等的飛機。

終於，她說出了實情，她問我，是否看得出這一路她的心情都很不好，我說沒看出來，其時我是故意說謊的。她似乎一瞬間變得很憂傷，她告訴我，這次她回老家，是想和她先生離婚的。

　　她上大學時，各方面都很出眾，追求她的男生非常多，其中不乏高官子弟或富豪子弟。但她偏偏選擇了現在的先生——所有追求她的人中最沒背景的一位。因為她不放心那些富家子弟。

　　在他們後來的創業中，幾乎所有的事情都是由這位大姐去主導，幾乎所有的主意都是由她出的，公司所有的事物也幾乎都是由她在管理。這和我的感覺一樣，我感覺得出她是多麼的強。

　　可是她的先生，她幾乎可以確定他現在已經有了外遇，她這次回去，就是因為她想要結束這一切。她是那麼的憂傷，好像所有受傷的女人一樣，再也看不出女強人的形象。她說：「女人一定要找一個比自己強的男人，要不然不會得到幸福。」

　　「女人，太強是罪。如果非要在菟絲花和女強人之間選擇的話，那我情願當個菟絲花。」此刻，我體會到了她的無助。我問她：「妳先生在公司都做些什麼？」她告訴我他當然也是老闆，因為財產畢竟是屬於他們兩個人的。我又問她：「妳先生工作順心嗎？」她想了想，然後表示他工作應該不是很開心，這些年他也一直在努力，實際上有些很好的策畫也是他所想出來的，可是所有的人都認為這些好主意是這位大姐的計畫，沒有人相信是她先生做出的決定。

我說：「我很同情妳的先生。」一個男人，而且不是一個差勁的男人，生活在一個比他強很多的女人的陰影之下，沒有人承認他，因為他的妻子太強大了。這對一個有抱負的男人來說是多麼痛苦的事。哪怕他只開了一間街邊小店，可是這個小店是他自己創造出來的，他也會覺得幸福。

可是這個大姐的先生雖然是個大老闆，有豐厚的財產，但他會覺得這些都不屬於他，而是他強大的妻子創造的財富。他覺得所有的人都認為他可有可無。他是可憐的。他一定還愛著他的妻子，他的外遇，只是心靈無法承受之時的麻醉而已。

在我說了這些想法後，她好像若有所思。我並沒有再多說。如果她沒有這麼強，她可能沒有今天這樣的財富，但說不定會有夫唱婦隨的快樂生活。雖然她強，但如果她開始就注意在人前樹立自己丈夫的形象，他們應該還是會擁有大量財富並且可以生活的很快樂。可是一個極強的女人會這麼做嗎？這麼做的女人會這麼強嗎？

我提倡性別的平等，但男女在社會上畢竟有差別。女人是辛苦的，成為一個真正的「女人」恐怕要以失去自我價值為代價；而實現了自我價值的女人恐怕也不會很快樂，像我遇到的這位大姐一樣。她所做的一切，若換成男人，他將是極其成功的人，可是不幸的，她是女人。女人，要自我還是要家庭，何其難選擇！

狐狸精和穿山甲

「天天，我工作快一個月了，妳知道我快變成了什麼嗎？」曉風問我。

「花仙子唄。」我笑著說。

「什麼花仙子！我整個人變成了一隻穿山甲。」

「穿山甲是什麼意思？」

我第一次聽到這種比喻，一時不明白是什麼意思。在我的印象中，穿山甲是一種非常不常見的動物。

「穿山甲就是一天到晚躲在地底下，埋頭打洞穿山，外面的事一概不管。這也是我前幾天從一本漫畫上看到的，我覺得我現在超像一隻穿山甲。妳想想，我每天天還沒亮就起床，急急忙忙出門擠

公車、搭捷運、坐火車，所有的交通工具都用上了，八點半之前必須到辦公室。一進辦公室，不是打字就是收發文件，一整天就像個陀螺一樣不停地轉。6點下班，天都快黑了，還經常要加班，8、9點鐘能到家就算不錯了。我們的辦公大樓看起來豪華氣派，可是，在我眼裡就像個山洞，我就是山洞裡的穿山甲。」

曉風的臉上的確沒有應徵前的朝氣和神采。

「又想辭職了？」我問。

「那倒不至於。」曉風無奈地搖搖頭。「我只是羨慕妳。我一天到晚累得要死，到家就想睡覺，可是妳現在還有心思看這些亂七八糟的書。」

「曉風，我覺得這只是一個人自我調適的問題。」

「天天，如果我是隻穿山甲的話，我覺得妳倒像隻幸運的狐狸。妳一天到晚腦子裡老是想這想那的，就像狐狸整夜想著貓在山頂上，數著星星，好運自然來。」我忍不住笑起來。

曉風將我比為狐狸，儘管不是很恰當，但用穿山甲和狐狸這兩種動物來比喻兩種不同狀態的女職員，非常有意思，也非常耐人尋味。如果一個員工像穿山甲一樣，一天到晚只知道工作，既不動腦筋想問題，也不會想問題，主管肯定不怎麼喜歡，這種員工即使不被炒魷魚，也永遠只能充當辦公室裡的「菲傭」。

相反，一個員工像狐狸，不踏踏實實工作，一天到晚打別人的

主意，腦子裡只想著如何把職位當跳板，兩隻眼睛只盯著公司的其他空缺，這種女人雖然聰明乖巧，老闆也不一定欣賞。

　　一個優秀的員工，既要像穿山甲，立足現實，埋頭苦幹，又要像狐狸，胸懷全局，勤於思考。只有這樣，才有可能成為優秀的員工。

　　「當老闆的員工，就如同當老闆專職司機一樣。老闆要妳往哪開，妳就得往哪開。有什麼好想的？想也沒用。」

　　「不見得，」我說：「即使是做員工，也有需要自己想的問題。」

　　「那妳在思考些什麼問題？」

　　我搖搖頭，說：「不一定，很多時候只是瞎想。不過，總還是得替自己的將來想想。即使不打算在這家公司工作一輩子，但一時之間也不打算離職，因此就得想想，公司的人事會發生哪些變化，公司的業務會朝什麼方向發展，影響公司發展的主要因素是什麼，自己要做些什麼準備才能適應公司的發展，是否還有更適合自己的部門或職位……等等，有空的時候就思考一下這些。總之，員工要像氣象臺一樣，留意觀察公司內外的陰晴冷暖，並提前增減衣服，以適應氣候的變化。」

　　「像這類的問題，公司董事會都不一定搞得清楚，妳一個小小的員工能想得到嗎？」曉風瞪大眼睛看著我，好像我是個怪物。

「正因為想不到，所以我才要看書嘛！又不是參加考試，必須在規定的時間內交出試卷，問題可以慢慢想，書可以慢慢看。」

當然，看這些「亂七八糟」的書，不一定能直接得到答案，但能幫我開闊視野。事實上，當妳拖著疲憊的身體從辦公室回到家裡後，泡一杯好茶，倚在床頭翻翻書，本身就是一種放鬆和享受。手裡拿著一本妳喜歡的好書，妳就像與一位老朋友侃侃而談，或者是看到一位妳非常崇拜的老師，從字裡行間來到妳面前。這樣，妳可以敞開心靈，去感受羅素的偉大、陶淵明的淡泊、海明威和魯迅的深刻……。

在這些老師面前，妳心中的疑惑或者不安，會像春日裡的殘雪，在陽光的照射下，自然而然地悄悄消融坮……。

能幹不如撒嬌

結語

女人，再強終歸是女人，是女人就難逃心理和情感上的脆弱，能幹不如撒嬌。

無論妳心裡多麼不情願，但是聽我的一句話，承認吧，逞強真的沒好處。何必拿雞蛋去碰石頭呢？

雖然關於「人世間最痛苦的事情是什麼」的答案有無數個版本，但本人認為最大的痛苦莫過於被人誤解，特別是被最愛的人誤解。

是女人就有撒嬌的權利，男人都有憐香惜玉的英雄主義情結，這嬌妳不撒，可都讓狐狸精掠奪了。

在青春期時，我第一次聽說有關女人撒嬌與柔弱的魅力。一個從小就與我很要好的鄰居大姐姐找我到海邊散步。12歲的我不知道她正傷心，只是一昧的開心，在沙灘上又蹦又跳。她不像平常那樣文文靜靜地牽著我的手說東說西，而是一個人坐在沙灘上出神。

按捺不住無聊的我用盡一切辦法，最後，我雙臂環著她的脖子，撒嬌地說：「我最喜歡姐姐了，陪我玩一下嘛！我明天、後天、大後天都不會吵妳了。」姐姐突然抬起頭，眼睛大大的對我

說：「小妹，妳真會撒嬌，實在讓人好難拒絕妳。要記得，這樣很好，以後長大了，也不要忘記。」

過了好些年，我才從長輩們口中聽說，大姐姐的未婚夫在訂婚前悔婚，男人拒絕不了愛慕自己的女孩，讓對方有了孩子。男人只對姐姐說：「我對不起妳，可是我知道妳很堅強，她不一樣，她非常需要我。」但是，男人不知道的是，姐姐並不堅強，只是不懂得撒嬌，不懂示弱；男人不知道的是，這個他以為可以辜負的女人，為了他終生未嫁。

我常覺得，女人在愛情中散發出來的千嬌百媚並沒有受到應有的鼓勵，我們寧願不斷去強調「女為母則強」這種責任與堅毅。我並不是認為為人母者沒有充滿光芒的美麗，我只是想說，單純為了成就自己身為女人的美麗女人，應該得到更多肯定。撒嬌與發嗔，最需要的是愛情的滋潤，也只有在愛情裡被呵護滋養，才能灌溉出這樣嬌媚的花朵，或者，我們可以武斷地說，愛情，正是性感美麗的來源。

我想起一個男性朋友說，他的女朋友很容易生氣，但是嗔媚的樣子實在是太可愛，讓他無論如何都捨不得怪她。我驀然想起小時候的大姐姐。其實，會撒嬌的女人真的是幸福的。如果妳確實體會不到老公對妳的關愛了，不妨解下圍裙，少做點事，多撒些嬌。

第三章
狐狸精女人評彈

這年頭，很多女人都抱怨：我是循規蹈矩的淑女；

我是精明能幹的Office Lady；我是雷厲風行的女強人，

怎麼在男人眼裡竟比不上一個狐狸精？

其實她們不明白，古往今來，

最能打動男人的是那些既妖又媚的女人。

所以狐狸精才是做女人的最高境界。

要做狐狸精，要做到比狐狸還要精，

要做一個獵人抓不到的狐狸。

女人一賢慧就完蛋

　　女人一賢慧就完蛋，我早就有這樣的覺悟，自己也身體力行多少年，但一直沒有膽量把這樣的豪言壯語說出口，我雖然暗地裡比較「狐狸」，但還是不敢明目張膽，再怎麼說我們也有五千年的封建文化底蘊呢！而且本姑娘從小就出於保守的知識分子家庭，說出來別說那些賢妻良母的大姐大媽們背地裡把我脊樑骨戳穿，光是我那老學究父親也會把我罵個半死。

　　一說賢慧，識字還是不識字的人都知道這是褒義詞，賢妻良母，多少年來，一直是國人對好女人的最正確定義。可是在這個欲望和個性大行其道的今天，女人一賢慧就完蛋。

　　事實勝於雄辯，君不見，那些死心眼的賢慧女人，有幾個有好下場的？

我沒有看過倪萍自己寫的那本《日子》，僅從韓文看到的消息，得知陳凱歌是在一次倪萍下班時故意等在央視門外，假裝找不到餐館，好心的倪萍為他帶路，故此開始了一段沒有結果的戀愛。

　　十分具有親和力的倪萍姐姐，據說對陳凱歌導演非常之好，不但照顧他的飲食起居，對他住院的老父親也是照顧入微，令人感動不已。有一次，陳凱歌的一位朋友到他家做客，看到一位女士跑前跑後端茶送水，還以為是陳凱歌家的保母，最後定睛一看，竟然是赫赫有名的主持人倪萍！

　　倪萍如此賢慧地對待陳凱歌和他的家人，應該算是一個標準的賢妻良母。照我們傳統的眼光，陳凱歌應當歡天喜地娶她回家才是。可是，令人不解的是，談了八、九年的戀愛，最終卻是不了了之。可是陳紅只和陳凱歌見過幾次面，不過一年半載功夫，也沒見她為陳凱歌做過什麼，就見陳凱歌風塵僕僕追到美國去，迫不及待地向陳大美女求婚。

　　據說，陳凱歌對陳紅感興趣的原因，除了美貌外（當然這是必須的），就是陳紅不怕他，勇於向他說「不」，勇於不把他當成神明、偶像。

　　另一位明星人物宋丹丹和英達的婚姻及離異，也是當時轟動一時的新聞。宋丹丹重新步入婚姻殿堂後，好像也拾起了文筆，除了描寫自己在新婚姻中的幸福狀態外，也回憶起原先那場姻緣。她說，她和英達在一起時，家務事多數都是她做的，甚至包括房屋裝

修,包括照顧英達重病臥床的父親,她覺得很累很累。而在新的婚姻裡,丈夫對她照顧有加,她才真正嘗到了做個快樂小女人的滋味。

明星尚且如此,更遑論普通女人。一些從小被父母、長輩教育做賢妻良母的女人,嫁做人婦後,一心相夫教子,任勞任怨地承擔了絕大部分家務,多少年過去,熬成了黃臉婆。這時,有些功成名就的丈夫,卻搭上一個和女兒年齡相仿的新歡,一場忘年戀很快把黃臉婆數十年的辛苦、賢慧一筆勾銷。

我無意貶低名人,也並非打擊所有男性,只是說出一個事實:男女兩性關係中,女性切不可把男性當作自己的「天」,一切服從於他,喪失了自己。你是明星也好,名導也罷,在家裡你就是一個丈夫,你必須承擔丈夫應盡的責任和義務。做妻子的也有自己的尊嚴和自己的一片天空,可不是你不花錢請來的保母。

其實有些男人也真有點「犯賤」。妳越是把他當一回事,越是處處依著他、順著他,對他照顧、體貼,他可能越不把妳當一回事,覺得妳就是我「屋裡的」煮飯婆,一個工具而已。如果妳堅持獨立自主,擁有自己的事業和自己獨立的精神空間,不管是在外貌修飾上,還是在事業及精神上,不時給他來點出乎意料的驚喜,或者和他唱反調,他反倒會對妳刮目相看,覺得這個女人有個性、有主張,不可等閒視之。

大女人吃虧

　　若從數量關係上來對女人做個劃分的話，會有兩種結果，大女人和小女人。從實惠的角度計量，大女人好還是小女人好呢？在這方面，我覺得自己是最有發言權的女子，因為我剛剛實現了從大女人到小女人的成功轉變。對於這個話題自然有一大堆肺腑之言要跟姐妹們講。

　　從我小的時候，老爸和老哥就開始朝大女人的方向培養我了：女孩子一定要獨立、要大氣、要自尊。我像向日葵一樣成長茁壯，按照他們的教導活了二十幾年，沒覺得有什麼優越感，也沒覺得有什麼不對。但是當經歷了一次刻骨銘心的失戀，付出了血的代價，我才發現當大女人太吃虧。

　　那是我生平最認真的一次戀愛了。我非常愛我的男朋友，我離

不開他，可是我們的愛情是從友情轉化而來的，在他面前，我一直保持著自己一貫的大姐大風格。當時我有一個朝夕相處的女性朋友，我們無話不談，可是她和我不一樣，她很柔弱，就算沒什麼病情，只要有男人一出現，她就會以閃電般的速度變得弱不禁風，那不勝嬌羞的模樣讓林黛玉都甘拜下風。

我們三個非常要好，我處處照顧他們。可是後來有一段時間他們倆同時從我的世界裡消失，在他們消失的這段時間，他們做了一件大事——他們結婚了。我只收到了來自新郎的一封郵件，就是這封再簡短不過的郵件徹底擦亮了我的眼睛：她比妳更需要我，所以我要娶她、照顧她。

在絕望而崩潰的日子裡，我終於體會到小女人其實能辦大事，大女人就像傻大姐，被別人出賣了還在那傻笑呢！小女人就不同了。小女人非常善於向男人傳遞各種資訊，並且有極妙的手段——眉來眼去、打情罵俏、暗送秋波等。

80年代中期，某企業有一位特別能幹的小女人，她原來是舞蹈演員，由於生活所迫，輾轉到某企業當員工。剛到公司的時候，人緣極差，此女整天濃妝豔抹，沒什麼氣質，學歷也不高，所以公司上下沒有人看得起她，包括那個後來和他一起私奔的老闆。

但是慢慢地那些討厭她的人，開始發現這個女人有「特異功能」——公關，特別會辦事，凡是任何主管，只要是男的，她都能約到，多大的訂單她也都能搞定。過沒多久，公司上下都充分見識到

這位小女子的威力,老闆就給她加薪升職了,她一躍成為公關部經理,而且該部門是專為她而設的。在被提升3個月後,她和哈佛商學院畢業的老闆私奔了。真不知這個小女子施的是什麼迷魂大法。

針對這件事,我曾經問過好幾個男人他們喜歡什麼樣的女人,他們在毫無酒精的影響,十分清醒的狀況下確認,男人喜歡那種比較容易接近的小女人,對於大女人,他們打從心裡不感興趣。我追問是不感性趣還是不感興趣,他們支支吾吾半天也沒給我正確答案,只是說我沒必要知道那麼清楚,其實他們避而不答的態度便是最真實的答案了。

我認識一個知識型的「大女人」,會說七種語言,普林斯頓大學畢業。她愛上了一個男人,並在事業上給予這個男人巨大幫助。男人雖然對她也不錯,但終究受不了「大女人」天天孜孜不倦的教誨,在外面和一個高中沒畢業的小女人有關係了。我們都鼓勵會七種語言的「大女人」用每一種語言向這個男人表示她的傷心,讓他回心轉意。可是這個「大女人」一口拒絕,她強調她是個獨立的人,沒男人也可以對著牆說七種語言。就這樣,「大女人」的男人就和小女人過甜蜜生活去了。

當今高個子、高學歷、高素質的女性越來越多,可是她們的感情卻找不到靠岸,據說是因為她們得不到男人們的充分肯定,所以被「擱淺」在愛情的沙灘上了。

別拿愛情當飯吃

很多人，尤其是男人都特別想知道：狐狸精有愛情嗎？這真是個天大的傻問題，狐狸精個個都是感情動物，愛情是女人最好的化妝品和補品，沒有愛情，只是逢場作戲那不是狐狸精的專長。但是，我們深知，愛情是把雙刃劍，弄不好連活著都有問題。

於是，身為狐狸精，我們多情，但絕不拿愛情當飯吃。

如果妳拿愛情當飯吃，把男人的愛情當作妳的天和地，那妳將死無葬身之地。這樣的例子自古就有。

今天下午拖著疲憊的身心回公司，坐在計程車上收音機裡剛好傳出了小剛《寂寞沙洲冷》的歌聲。我靠在靠背上享受著音樂很愜意。但回想起現代音符背後的歷史故事，我就替他們感到不舒服。

寂寞沙洲冷──蘇軾《葡運算元》中的佳句。背後的故事更是感人。北宋哲宗紹聖年間，剛正不阿，直言敢諫的蘇軾被貶到今惠州市的白鶴峰，買田地數畝，蓋草屋幾間。白天，他在草屋旁開荒種田；晚上就在油燈下讀書或吟詩作詞。

　　但每當夜幕降臨之時，便有一位妙齡女子悄悄來到蘇軾窗前，偷聽他吟詩作賦，常常站到更深夜靜，露水打濕鞋襪。蘇軾很快發現了這位不速之客。一天晚上，正當少女偷偷掩至之時，蘇軾輕輕推開窗戶，想和她交談。誰知，窗子一開，少女像一隻受驚的小鳥，拔腿便跑，消失在夜幕之中。

　　白鶴峰一帶沒有幾戶人家，不多久蘇軾便知道了事情的真相。原來，少女是此地溫都監的女兒，名叫超超，年方二八，生得清雅俊秀，知書達禮，尤愛東坡學士的詩歌詞賦，常常手不釋卷，如醉如癡。她打定主意，非蘇學士這樣的才子不嫁。自從蘇軾被貶惠州之後，她一直尋找機會與蘇學士見面。因此只好藉著夜幕的掩護，不顧風冷霜欺，站在泥地上聽蘇學士吟詩，對她而言，真是莫大的享受。

　　蘇軾十分感動，他暗想，我蘇軾何德何能，讓一才女青睞至如此。他打定主意，要成全這位才貌雙全的都監之女。蘇軾認識一位王姓讀書人，生得風流倜儻，飽讀詩書，抱負不凡。蘇軾便為兩人牽了紅線。溫都監父女都非常高興。從此，溫超超閉門讀書，或者做做女紅針線，靜候佳音。

　　誰知，禍從天降。正當蘇軾一家人在惠州初步安頓下來之時，哲宗又下聖旨，再貶蘇軾為瓊州別駕昌化軍安置。瓊州遠在海南，「冬無炭，夏無寒泉」，是一塊荒僻的不毛之地。衙役們催得急，蘇軾只得把家屬留在惠州，隻身帶著幼子蘇過動身赴瓊州。全家人送到江邊，灑淚訣別。蘇軾想到自己這一去生還的機會極小，也不禁悲從中來。

　　蘇軾突然被貶海南，對溫超超無疑是晴天霹靂。她覺得自己不僅坐失一門好姻緣，還永遠失去了與蘇學士往來的機會。從此她變得癡癡呆呆，鬱鬱寡歡。常常一人跑到蘇學士在白鶴峰的舊屋前一站就是半天。漸漸地連寢食都廢了，終於一病不起。臨終，她還讓家人去白鶴峰看看蘇學士回來了沒有。

　　最終帶著無限的遺憾離開了這個世界。家人遵照她的遺囑，把她安葬在白鶴峰前一個沙丘旁，墳頭向著海南，她希望即使自己死了，魂靈也能看到蘇學士從海南歸來。三年後，徽宗繼位，大赦天下，蘇軾才得以回到內地。蘇軾再回惠州時，溫超超的墳墓已是野草披離了。

　　站在超超墓前，蘇軾百感交集，清淚潸然而下，他恨自己未能滿足超超的心願。他滿懷愧疚，吟出一首詞來：

　　缺月掛疏桐，漏斷人初靜。誰見幽人獨往來，縹緲孤鴻影。
　　驚起卻回頭，有恨無人省。揀盡寒枝不肯棲，寂寞沙洲冷。

遇到一個很有魅力、令自己魂牽夢縈的人，是畢生的安慰，然而，得不到他，卻是畢生的遺憾，除卻巫山不是雲，沒有人比他更好，可是，他卻永遠不能屬於自己，難道只能夠擁著他的記憶過一生？

這樣的傻大姐還有「一見楊過誤終身」的郭芙。程英、陸無雙、公孫綠萼、郭襄這四位年輕貌美、慧質蘭心的姑娘，就是在這種情形下鬱鬱終生。其中郭芙最為悲哀，她在求愛不成後性格遽變，甚至自暴自棄。

金庸筆下的楊過英俊瀟灑、風流倜儻，武功蓋世，俠肝義膽，是個優秀的男人，這樣的男人哪個女人不動心呢？其實楊過也是個性情中人，不然也不會在崖邊服斷腸草以解情花之毒，苦守十六年之約了？可惜他只對小龍女情有獨鍾。

所以，遇到一個優秀的男人固然需要把握機會，但是在把握機會之前試問一下自己能否成為他心中的「小龍女」呢？能的話當然要為之欣喜，不能的話，也不要像程英、陸無雙、公孫綠萼、郭襄那樣在一棵樹上吊死，更不要像郭芙那樣自暴自棄。

在我眼裡她們的一生是悲哀的。要知道世界上優秀的男人比比皆是，即使是得不到對方的愛，女人也沒有比好好的愛自己更為明智的了！在這個全民娛樂的時代，愛情，不妨也來點娛樂精神，輕裝上陣，何必拿命拼呢？

可憐的鬣狗女王

　　前幾天去老公上班的地方轉了一圈，就被一位姐姐拉住了，她一個勁的在那裡叫：「小妖精，穿那麼好看啊！」她在眾目睽睽之下叫住我，我非但沒有不高興，反而得意洋洋，我喜歡被嫉妒的感覺，嫉妒是勝利的象徵，沒有人會嫉妒一個不如自己的人。

　　這位姐姐的故事我早有耳聞，在事業上，她是個相當成功的女人，她是某著名媒體發行部經理，郊區別墅兩棟，城區公寓一間，車子也走馬觀燈一樣地換，地球在她腳下不過是個村，而且，和別的風塵僕僕的出差人不同的是，她的出差純粹是為了娛樂。

　　她也有看起來很美的婚姻，老公事業有成，有感情基礎……。30歲的年紀，照理說正是該把女人味釋放得如火如荼，女人花綻開得美輪美奐的年紀，可是在她身上，我看到的只是一個被欲望折磨

得早衰的女人。在職場和男人一樣奮力拼殺，照理說在現代是很普遍的現象，但不幸的是這位姐姐權力欲很強，所有的事情無不在這位姐姐的掌控之下，稍有不慎，就惴惴不安擔心權力被奪去，因此她活得很累，女性的特徵都被淡化了。

據說她近來更是陷入了失眠的痛苦漩渦，到了該生孩子的年紀，卻耽於職位不保而遲遲不敢做決定。這讓我想起了非洲草原上的鬣狗女王，鬣狗是肉食性猛獸，兇暴勇猛，獅、豹猶對牠禮讓三分。鬣狗群數目甚多動輒上百隻，但其首領都是母的。母狗不僅塊頭比公狗大，更具攻擊性，最奇特的是陰蒂特別粗大，狀似一根「假陰莖」。

科學家檢測鬣狗血中之荷爾蒙，發現雄性素濃度，母鬣狗王的比公的來的高；而最高階之公狗也比母狗低。同樣，較具攻擊性的女性，通常也是極為男性化的女人；但在文明世界中，真正聰明的女人，她的利器是似水般的柔情！大多數女人都有可怕的控制欲，前不久就碰到一個不可理喻的印度女人，還記得《絕望的主婦》中頭髮一向都是一絲不亂的Bree嗎？記得她是如何一步一步把丈夫推出她的生活嗎？

最可悲的是，這一切還是冠冕堂皇地在愛的名義下。她會使出渾身解數，胡蘿蔔、大棒隨時切換，目的也就是讓身邊的一切按照她的想法進行，不能有絲毫偏差。

不知道最近是不是古典文學看多了，反正我最近的思路就是：

女人就是女人，為什麼要變成男人？閒來無事把林語堂的書又翻出來看：舊式女子的確賢慧！那樣的女子，唯一的興趣、愛好就是自己的男人。書中寫到姚木蘭的妹妹莫愁和立夫之間的婚姻就曾提到：莫愁的婚姻像是一場賭局，而她已經把所有的賭本都壓在立夫身上。那個時代，男人就是拋頭露面的跑生活，女人唯一需要做的就是等候丈夫的回歸。分工那麼明確。

現代社會不同了，男人某時興起跟女人說人人平等。於是女人拿這句話當了真，一個勁的勤勉、努力，拼命三郎的精神一點也不亞於男人。可是到了最終，女強人都不會有十分美滿的婚姻。換句話說，男人當老大已經是5000多年的事實了。現在替換過來女人要求平等也是近100年的事情。用100年的時間去更改5000年的傳統，似乎還是太倉促了。說到底，女人還是感情細膩的動物。工作、地位、金錢並不能滿足一個女人內心最貧乏的需要。

圈裡圈外，我見過很多女人很要強。養男人，養房子，養車子，養孩子。可是最終自己都會想，我是個女人，憑什麼妳的男人一點力都不出，還要靠我養。自己都說服不了自己。做個女強人並不幸福。女人到底還是女人。

所以千萬不要和非洲草原上那隻超強的鬣狗女王相Pk了，省點勁，把領地出讓一些，在鏡前和廚房多停留一些，妳就會體會到做妖精的魅力。

76

「狐狸精」是女人最高境界

　　曾經，「狐狸精」是用來罵不怎麼傳統的女人，罵那些媚惑男人的女子。現在，「狐狸精」是老女人拿來罵比自己年輕的女人，罵那些令男人魂牽夢縈的女子。

　　這年頭，很多女人都抱怨：我是循規蹈矩的淑女；我是精明能幹的Office Lady；我是雷厲風行的女強人，怎麼在男人眼裡竟比不上一個狐狸精？其實她們不明白，古往今來，最能打動男人的是那些既妖又媚的女人。

　　狐狸精才是做女人的最高境界。曾經見過，成熟男人擁著懷中嬌小漂亮的女友，情到濃時，摸她的頭，低低叫一聲「小妖精」。那種甜蜜與滿足，令人一樣眩暈。其實這充分說明，女妖精，或許會成為老婆們的天敵，卻一直是男人們心中的至愛。

　　字典上解釋，妖精是「神話、傳說中有妖術而害人的東西」，現代社會卻早已賦予了它新鮮的含義。女人是花，所以有責任讓自己永遠嬌豔美麗。每一個階段的女人都可以散發令人無法抗拒的美的氣息。比如李嘉欣，再比如麗塔瓊斯或者妮可基嫚。

　　事實上，想念一個狐狸精是很多男人一生中必須經歷的痛楚。更重要的是，他們往往因為這個狐狸精而長大。狐狸精之所以能受到男人們的熱烈追捧，最顯著的特色就是——風情搖曳、風姿綽約。好女人的溫柔和體貼在壞女人帶來的永不停歇的新鮮和刺激面前，竟然是如此蒼白、軟弱！妳不得不承認，跟好女人相比，「壞」女人更具觀賞性和藝術性，她們一手創造了這個世界的故事和風景。

　　「壞」女當媚。一個不苟言笑、神態肅然的女人又有幾個男人會喜歡她呢？也許用雞肋來形容她們過於殘忍，但男人們游離的眼神還不足以說明一切嗎？親愛的女性朋友們，妳要美麗，妳要搶鏡，妳要妖豔，妳要以妳的味道動人心魄，移人心志，奪其目所屬，得其心所歸。好女人就應該有這樣的妖功。

　　「壞」女當慧。天生麗質僅可歡娛一時，豈能永享一生？親愛的女性朋友們，妳要很狡猾，當然可以玩弄小聰明；妳還要善於游離，要以自己的才智撩撥男人於股掌間，讓男人心甘情願拜倒石榴裙下，俯首稱臣。好女人就應該有這樣的智慧。

　　不壞那麼多，只壞一點點；別人眉來眼去，我只看一眼。男人

們的眼光一向都是偏心的，只會被那些古靈精怪的狐狸精牽引。看著大把優秀的男人被狐狸精們一個一個「搞定」，一向以好女人自居的妳是否甘心？

於是，女人白天在辦公大樓穿修長筆挺的套裝，是一定要配細高跟鞋的。妝容要淡，香水要輕。若有若無，若隱若現，襯著很多若即若離的白領男女。下了班，脫下外套換背心，再戴上閃亮的鑲鑽項鏈。眉筆眼線筆在臉上運筆如飛，彩妝絢目光影令人沉醉。今夜巷子酒吧裡，女人們化身為一個迷人的妖精。媚眼迷離，顛倒眾生。此妖精卻非彼妖精，我們不要愛上陌生人。時辰一到，要回家睡覺，要看書、上網。更有能力做千手觀音，是會議桌上運籌帷幄的女強人，也是溫暖窩裡小鳥依人的小可愛。

獨立妥貼而品位卓絕的生活，妖精們因此與妳有距離，因此卻更令妳鬼迷心竅、欲罷不能。做這樣的完美璧人，是要付出代價的。聰明睿智自不必說，十二分的勤奮卻也不足為外人道。為保持優雅體態所做出的慘痛犧牲，為保持平衡生活所付出的健康透支。還有更多更多……罄竹難書。

既然男人們甘願牡丹花下死，我們也就再所不惜了，做女人，挺好，做妖精女人，更好！

狐狸精的魅力武器

　　狐狸精一定要很漂亮嗎？No, No, No，狐狸精其實和容貌無關，它通常指的是一種性情。「狐狸精」可能是漂亮的，但很遺憾，通常是不被承認的。不過我認為，說狐狸精不漂亮是合適的，因為她們並不靠漂亮取勝，她們另有「秘密武器」。而且實際上，只有拿起這個武器，每個女人都可以牢牢拴住自己所喜歡的男人。

　　第一招：媚

　　媚是女人生命中從骨髓裡透出來的東西，它是一種有色的、穿透力極強的光線，一縷毒性強烈的輕煙，直接刺激男人的性意識，使男人陷入奮不顧身、視死如歸的激昂狀態。

　　妖媚的女人，回眸一笑百媚生，「媚」裡邊隱藏著欣賞、被吸引、取悅、癡迷等等物質，它與萬有引力、重力加速度等定律有關，是物質之間力量作用的一種特殊方式。它具有一種與生俱來的天賦特性，一些宿命的神秘光環迴旋在「媚」的主、客體之間，後天的學習雖然也極有效，但終究影響效果和品質。比如，有的人分不清施媚與討好、順從等等的界限，很容易變成東施效顰。

　　第二招：妖

「妖」也是那些女人難以言喻的性狀。它指的是女人天生具有或後天裝飾出來的蠱惑男人的輕靈、柔軟、奇幻、迷離的氣質和狀態。狐狸精之妖，首先反映在身材苗條、姿態輕盈婀娜、腰肢靈活方面。近年出現的所謂「骨感美人」，也是「妖」的一種外部特徵。所以妖氣也是從骨髓裡邊散發出來，並且會讓對方骨折的。

　　其次，妖是一些足以激發性感的言行舉止，反映的是「狐狸精」的靈魂在生活中的輕盈婀娜。可能跟某種新奇的穿著打扮有關，可能跟某些獨特的肢體動作有關，也可能跟許多怪異的語言辭彙有關，表面上也可能是被動的、不動聲色的，實際上極其活躍，具有強烈的挑釁性和誘惑力，誰沾上誰就死路一條。

第三招：野

　　這裡的野不是男性化的狂野，而是指狐狸精無拘無束、回歸自然的純樸個性，可以概括為「清水出芙蓉，天然去雕飾」。但聞其聲，妳就會覺得她像一棵來自遼闊草原的野生植物，散發出來的是原始的野性氣味；她的舉止瀟灑，不做作，但又總是透出惹人放鬆的清新爽快，她一出現，空氣頓時就會活躍起來，感染得在場的每一個人都會突然有了活力，不由自主地想跟著蹦蹦跳跳。

　　「野」的貶義是野蠻，不守規矩、不講道理，極限是無恥。有「恥」的人當然是很難成為狐狸精的，因為有「恥」就是懂得遵守道

德，而傳統道德對女人的規範是極為嚴格的，時時刻刻循規蹈矩的女人雖然也可愛，但對男人難以產生刺激。如果走到另一極端，超越了這些規範的界限，就是「非禮」和「無恥」，男人即使喜歡也未必承受得起。狐狸精之所以成為狐狸精，就是善於在道學家制定的規範附近打擦邊球，勇於挑戰規矩，常常有所突破，在有「恥」和無恥的交界地帶來回穿梭，她玩的就是心跳，她過把癮就死，就把男人玩弄於股掌之間，吊得他半死不活。

第四招：憂

要想讓自己的作品更吸引人，就必須把女主角設定為多愁善感、弱不禁風、楚楚可憐、經常以淚洗面的女人。曹雪芹大師正是這樣的傑出代表。那個林黛玉，噙著淚花念一句「如花美眷，似水流年」，我們的眼淚就跟著「唰」地下來了，不知不覺地就激發起我們憐香惜玉的絲絲柔情，不知不覺地，我們就迷上她了。

狐狸精們通常都是憂鬱的，因為庸俗瑣碎的現實總是挫傷她們敏銳細膩的觸角，令她們感覺到尖銳莫名的疼痛，總是存在於遠處的美好生活幽幽地傳來誘惑的呼喚，遙遙無期的期待把希望和絕望像毒藥一樣塗在她們的傷口上。一看到隱藏在她們眼睛裡那一道傷痕，男人就會像狼找到了血跡一樣趕緊用舌頭去舔，就會像偵探找到了線索，迫不及待地要解開她的心靈之謎。

第四章
水煮男人

乖乖女在哭泣，女強人太委屈，
即便機巧如狐狸精也一直在苦心積慮，偶爾也會被絆倒。
弱了不行，強了也不行，作女人該如何是好？
男人到底是個什麼東西，這是女人最為關心的頭等大事，
愛情是兩個人的戰爭，知己知彼才能有勝出的希望。

《圍城》的啓示

　　《圍城》的妙處之一便是描繪了中國男人的劣根性，幫妳打破對男性世界種種不切實際的幻想。《圍城》的作者不愧是大家，看兩性關係細膩而且尖銳，女性讀者須細心揣摩，從此以後，看男人當不走眼，故推為首選。

　　《圍城》裡的男人不少，諸如趙辛楣、李海亭、高校長之流，生活中不是沒有的，而集男性劣根性之大成者，首推方鴻漸。

　　下面我們就透過《圍城》裡方鴻漸與幾個女孩子的戀愛關係來好好評估一下這個男人。

　　一、方鴻漸與鮑小姐

　　鮑小姐的性格一點也不可愛。她欲望強健，主動誘惑方鴻漸，

又是她主動到方鴻漸的房間來偷情——這說明她沒有道德感；她喜怒無常，無緣無故就跟方鴻漸翻臉——這說明她沒有邏輯；她毫無幽默感，方鴻漸一跟她開玩笑，她就生氣——這說明她心胸狹隘，性格乖張；她是愛情勢利眼，選擇了一個又老又醜的未婚夫作為跳板，以便能夠出國留學，她能夠紅杏出牆——這說明她水性楊花。

在這麼多的證據面前，鮑小姐似乎一無是處，惡俗不堪。其實，一個巴掌真的拍不響，方鴻漸難道就沒有任何缺失嗎？

鮑小姐之所以能夠讓方鴻漸看都不看蘇文紈一眼，就去接受誘惑，根本原因是方鴻漸自己的欲望在作怪。所以，鮑小姐說他像她的男朋友時，「方鴻漸聽了，又害羞，又得意」。鮑小姐借點煙接吻的時候，「方鴻漸那時候心裡雖然怪鮑小姐的行為不檢點，但也覺得興奮」。

那晚鮑小姐來私會方鴻漸，方鴻漸聽清是鮑小姐的腳步聲，就「快活的要大叫」。這說明方鴻漸僅僅是勇氣不足而已，他在性愛觀念上與鮑小姐並沒有什麼差異，也就是說，方鴻漸其實還是需要女人行為不檢的，行為不檢的性感女郎，不僅符合方鴻漸的欲望，而且還能夠補充方鴻漸的勇氣不足。

「有賊心沒賊膽」的書生一貫需要行為不檢的性感女郎來幫助他們實現欲望。司馬相如需要卓文君主動私奔，張生需要崔鶯鶯主動投書約他跳牆偷歡。這一點，現代書生方鴻漸與他的漢唐先輩之間並沒有多大差別。

二、方鴻漸與蘇文紈

《圍城》對蘇文紈所做的第一個指控是蘇文紈利用方鴻漸「心太軟」誘惑方鴻漸，使得方鴻漸受到了心理壓迫。回國的郵船上，蘇文紈以「善意的獨裁」為方鴻漸「洗手帕，補襪子，縫鈕扣」，讓方鴻漸感到「毛骨悚然」，因為「他知道蘇小姐的效勞是不好隨便領情的；她每釘一個鈕扣或補一個洞，自己良心上就增一分向她求婚的責任。方鴻漸「毛骨悚然」的感受，就提醒讀者蘇文紈是個很有心計的女人，是個貌似溫柔的陰謀家。回到台北後，蘇文紈的種種情話讓方鴻漸如坐針氈。這也讓我們體會到蘇文紈是方鴻漸的精神壓迫者。

然而，到底是方鴻漸「心太軟」差點落入蘇文紈的婚姻圈套；還是方鴻漸不負責任讓蘇文紈落入戀愛遊戲的圈套呢？是蘇文紈壓迫了方鴻漸的心理，還是方鴻漸玩弄了蘇文紈的情感呢？還是讓事實說話：

香港鮑小姐上船後，「鴻漸回身，看見蘇小姐裝扮得嬝嬝婷婷，不知道什麼鬼指使自己說：『要奉陪妳，就怕沒福氣呀，沒資格呀！』」

正是這句明顯獻殷勤的話，才使方鴻漸和蘇文紈的戀愛故事有了開端。蘇文紈正是領會了方鴻漸這句話中的仰慕之意後，才開始給方鴻漸「洗手帕，補襪子，縫鈕扣」、含蓄表達自己的愛情。雖然闡述者在此加了暗語「不知道什麼鬼指使」，但有一點可以肯定：即

使有「鬼」，這「鬼」也在方鴻漸自己內心！

回到台北，方鴻漸傷春感懷，就決定去看蘇文紈，他「明知也許從此多事，可是實在生活太無聊，現成的女朋友太缺乏了！好比睡不著的人，顧不得安眠藥的害處，先圖眼前的舒服。」

「明知也許從此多事」，可見他對蘇文紈的情感、對自己行為的性質完全了然於心，只不過不想去顧及後果、不想嚴肅對待而已。

他在「現成的女朋友太缺乏」的情況下，把一個愛自己而自己又不愛的女性當作暫時的情感安慰，根本不管她會在這件事受到怎樣的情感傷害。此後方鴻漸一直假戲真做，只是蘇文紈一直被蒙在鼓裡，還以為方鴻漸真的在和自己談戀愛呢！

這樣看來，是認真戀愛而又不明真相的蘇文紈落入了把戀愛當兒戲的方鴻漸的圈套。蘇文紈在這場戀愛中卻是動中有度、自尊自愛，也尊重他人的。方鴻漸「心太軟」、不善於說「不」的實質是：當他女朋友缺乏的時候，他需要把蘇文紈當作暫時的情感替代品；當他已經有明確的愛戀對象的時候，他意識不到自己有不能誤導蘇文紈情感的責任。

追根究底，是方鴻漸不懂得尊重別人的情感、不懂得尊重別人的人格，也不懂得自尊、自愛。他「心太軟」，是對自己太放縱，以致於不能承擔自己行為的後果。

三、方鴻漸與孫柔嘉

很多讀者都討厭孫柔嘉，覺得這個女子城府太深，心機太重，最終才把方鴻漸引入「圍城」。其實，仔細研讀，才知道這種評價在事實認定和價值判斷兩方面都存在嚴重的偏頗。

首先，被趙辛楣描述成像「張開了口」的「鯨魚」一般可怕的孫小姐，其實並沒有任何侵犯他人的惡意，只不過是對方鴻漸早就「有了心事」、有了愛情而已。請問愛一個人有錯嗎？孫柔嘉「千方百計」、「費煞苦心」催生方鴻漸的心理共鳴，這和妓女對嫖客的勾引在性質上是截然不同的。

其次，孫柔嘉在搞不清楚方鴻漸愛不愛自己的情況下，把愛情隱藏在心裡完全符合常理，不能作為她富有心機、善於陰謀的證據。在這部作品中，方鴻漸愛不愛孫柔嘉是一個連他自己也搞不清楚的問題。方鴻漸從來沒有像愛唐曉芙那樣刻骨銘心地愛過孫柔嘉，但是聽范小姐說孫小姐跟陸子瀟「天天通信，要好得很」，他當場就感到「椎心刺骨」。

孫柔嘉確實不甚可愛，有其心機深沉的一面，可是這並沒有錯，對男人還能不多防著些，現在不良分子這麼多？

方鴻漸是個善良人，可是他的最大缺點便是優柔寡斷、毫無原則。而在現代社會，男人優柔寡斷、毫無原則便是致命傷。諸位女讀者們請仔細對照自己的男友是否是「方鴻漸」或「李鴻漸」，若不是，應當慶幸，若是，感情深的慢慢地幫他改──要有長期抗戰的準備，感情淺的則走為上策。

男人這個壞孩子

前幾日接到一通好久不見的好友電話，自然是逮著彼此的生活互問一番，「日子過得不錯吧？」我不知深淺地問了一句，誰知道電話那頭竟然傳來一聲歎息，昔日的樂天派怎麼了，我正納悶，答案就來了：「別提了，光這兩個孩子填滿我的全部生活了，沒有自我了。」

可是我明明記得她只生育過一次，而且不是雙胞胎，何來兩個孩子呢？我越聽越糊塗了。

「老公就是個大孩子，天天和兒子打鬧。」哦，這下我明白了，從那時候起我就開始思考起男人與小孩的問題了。誰知這問題越探討越有學問，到最後都收不住了。到現在我的結論是：男人一輩子都逃不掉壞小孩的習性。

　　脫去那層堅強的或溫柔的外衣，男人個個都是會欺負女人的壞小孩，他喜歡看著女人哭，倒不是因為他品德很差，只是他喜歡女人為他氣急敗壞的樣子，那種征服後的快感，被重視的感覺，被嬌慣的優越感讓男人陶醉，不能自拔。

　　不要對男人太好，原因很簡單，因為再好的男人終歸是男人，骨子裡他們都是壞孩子。

　　這也是我的女友吉米歸納出來的人生哲理，吉米自稱對男性已經絕望：吉米的經歷讓我知道，如果一個女人對男人太好，她其實不是不知道的，她還會在心裡罵自己賤，問題是，她會一邊罵自己賤，一邊加倍對他好——而且，沒有最好，只有更好。

　　當年的吉米就是這樣對她那個畫家老公好的。畫家在上大四的時候，她已從外語學院畢業。她和他已經在一起很多年，雙方家長也走得很近，所以她認為自己既然能賺錢了，就有責任供他上學。因此最後那一年，他的學費和生活費都是她負擔的。他一畢業，他們就結了婚。

　　半年後她就夫唱婦隨地來深圳發展。很快，他的身邊有了第二個女人。吉米含辛茹苦供老公成才的佳話，瞬間變成了令人同情的玩笑。大西洋中的百慕達三角海域歷來是個謎，遠洋船隻行到此處，絕少能避免出事。同樣的謎困擾著我：為什麼，女人只要資助她們的男人完成學業，或者這個女人的家族讓這個男人功成名就，這個女人最終總避不開要被這個男人拋棄的命運？

這是個有趣的發現，我敢肯定已經有很多人注意到了。這些女人的人生哲理可謂血淚鑄成：不要對男人太好。

這種事情說複雜也複雜，說簡單也簡單，謎底在何處？有一種風行已久的理論認為，男女關係中，女人對男人而言是母親、妻子、情人、朋友和女兒的混合體——這種說法多少有些自作聰明，但現在我們假設它是有道理的。儘管如此，做母親的成分是多少，做情人的成分是多少，做女兒的成分又是多少……都是有一定比例的。萬一妳搞錯了，就會弄亂生活的節奏。

原本供兒子上學是父母的職責，可是妳母性氾濫，偏偏要搶著承擔，他自然會弄錯妳的角色，把妳當作他的第二個母親。母親的角色成分過重，別的角色成分自然減弱。而眾所周知，母親對孩子的付出是無條件的，不求回報的。

這樣一來，他自然就會認為，妳對他的付出是天經地義的。所以，拜託妳現實一點，先認清自己的角色。是妻子就妻子，是女友就女友。別老想著當他的母親。記住：對妳的付出，正派的男人會產生感激之心，並投桃報李；被動和依賴型的男人，會繼續依賴妳，並養成習慣；居心不良的男人，則是盡可能地激發並利用妳的母性，壓榨妳的金錢、柔情和各種社會資源，從中獲得一切好處，再將妳一腳踢開；更齷齪的男人，還會用言語和行為來侮辱妳。

所以，女人何必那麼辛苦為男人付出？對他好沒有錯，但對他太好，他享受妳的服務就會成為習慣。

習慣就意味著不在乎，不在乎就會得寸進尺。往後妳若有一絲懈怠，他都會覺得不適應，覺得妳偷懶、服務不周，覺得他的享受下了一個臺階。他就會感覺不快，從不快到感覺不幸福，從不幸福到認定妳是對不起他，從覺得妳對不起他再到離開妳去找另一個女人……到死都想不通的，還是妳。

做個已經氾濫成災的句型練習：男人也是人。妳覺得自己犯賤？他比妳更賤。妳對他好？他偏不在意妳，哭著、喊著、趕著要去受那些刁蠻公主的氣。

所以控訴男人是沒有意義的。還是要管好自己，管好自己不對男人太好。他們不值得妳付出這麼多。

男人的愛情：與進化論無關

　　女人之所以逮著男人研究個沒完沒了，並不是因為他們發達的骨骼和肌肉，也不是他們口袋裡的錢，女人一定要弄出個水落石出的是這個異性有沒有愛情，因為人類歷史已經上演了太多癡情女子負心漢的愛情悲劇了。

　　達爾文說：「優勝劣汰。」如今在情場上，很多優秀的「三高」女人被「剩」了，也就是說，在競爭中被淘汰了。達爾文又說：「長期累積微小優勢最終可造成物種演變。」可是在情場上，「一棵樹上吊死」只會讓我們在沒心沒肺的男人身上浪費更多的時間。

　　讓時光倒流到十九世紀初期，我們偉大的生物學家達爾文，興致盎然地收拾起了自己的行裝，他將自費搭乘英國政府組織的測量考察艦「貝格爾」號，並用5年的時間環遊世界。這個時候的達爾文

還沒有預料到，五年後，自己將在一份筆記上，隨意畫下世界上第一棵進化樹，而在1859年的11月，他嘔心瀝血的宏篇巨著《物種起源》也將得以出版，並在全世界造成轟動。

但就在今年二月，科學界發生了一件大事情，多達500餘名的美國科學家，聯名簽署了一項協議，公開反對達爾文的《物種起源》，他們認為，地球上的生命起源和發展過程根本不能為達爾文狹窄的進化論框架所包容。

那我們的愛情呢？情人滿天飛的今天，是否也應該被質疑些什麼？進化論是不是只有在特殊的環境裡才起作用？物競天擇，適者生存，在愛情的範疇裡是否該被淘汰出局？

No.1達爾文說：優勝劣汰的自然選擇是進化的主要機制，可是在愛情領域，優的未必勝。

在愛情裡，我們很在乎對方的門第、收入、容貌，所謂門當戶對不就是種自然選擇嗎？可是自然選擇未必意味著完美的結果，在古老的愛情故事中，王子往往愛上了灰姑娘、富家女愛上貧家子，從古至今都是這樣，這嚴重違反了價值規律，和進化論更是不符。

王菲嫁給了李亞鵬，只有和她情如母女的經紀人陳家瑛，公開站出來替李亞鵬抱不平，她在香港接受八卦記者訪問的時候公開說：「這個男人的確能帶給王菲母女幸福！」

查爾斯王子娶了又老又醜的卡蜜拉，對於第二任妻子，王子的

表達總是稍顯肉麻，他說：「妳最大的成就就是愛我。」但群眾的眼睛是雪亮的，他們說，正是這個其貌不揚的女人，給了已過耳順之年的王子從沒有過的理解、熱情和安全感。

這樣的例子不勝枚舉，愛一個人沒什麼道理可言，其實愛情是不需要昂貴和華麗的外衣的。

No.2達爾文說：長期累積微小優勢最終可造成物種演變。其實，愛情上的非理性執著只會讓我們在不值得愛的男人身上浪費更多的時間。

誰不知道，倪萍在陳導身上，花了8年的時間，結局卻是一聲長久的歎息，還被人家後來的太太諷刺說：「沒有魅力讓這個男人愛上她。」癡情女子負心漢，時代進步了，愛情卻沒有跟著進化，妳以為按照達爾文老先生的理論（累積微小的優勢最終可造成物種的演變）自己的愛情經過自己不懈的累積，最終必定花繁葉茂，那就大錯特錯了。

年輕，才是女人最大的優勢，年輕意味著有時間糾正自己不小心犯下的錯誤。就像《阿飛正傳》裡的張國榮和張曼玉，張國榮說：「我不適合妳，我不是一個喜歡結婚的人。」張曼玉回答：「不結婚也不要緊，我只想和你在一起。」那個殘酷而不冷酷的男人接著刺痛她：「為什麼要遷就我呢？我們在一起不會快樂的。」張曼玉還是不死心，問：「你到底有沒有喜歡過我？」張國榮答得坦誠：「我這一輩子不知道還會喜歡多少個女人，不到最後我也不知

道最喜歡哪一個。」

「一根筋」只會讓我們在不值得愛的男人身上浪費更多的時間，放棄改造他的念頭吧！

No.3達爾文說：生物進化的步調是漸變式的，而不是躍變式的。其實：愛情發展的過程是漸變和躍變兩種模式都存在的。

摩納哥國王蘭尼埃三世還是王子時，第一眼看見來自好萊塢的大明星格雷斯，就禁不住地一陣眩暈：「她是那麼漂亮、聰慧，她將成為王后！」

雅恩‧安德莉亞在27歲時遇到杜拉斯，10年過去了，他們才彼此適應，衰老的杜拉斯說：「她成了我最心儀和完美的作品。」

馬拉松式的戀愛肯定是漸變的，而閃電結婚無疑是躍變的。青梅竹馬、兩小無猜的愛情肯定是漸變的，而一見鍾情、one night stand無疑是躍變的。 如果妳不否認愛情是一種心理感受，是跳躍在眉梢心頭的兩情相悅、情愫暗投，那漸變和躍變的模式，就都有存在的理由。

進化、進化論，其實不是我們所描述的這麼脆弱，但尖銳縝密的生物學理論，怎麼能完全框架起敏感而脆弱的情感體系？理論被洞穿，愛情卻因此看到亮晶晶的陽光散射，天使依舊在飛。達爾文因此也原諒了我們的莽撞，轉而微笑。

韋小寶代言誰

　　據說，是男人沒有不羨慕韋小寶的，他跟著母親在妓院長大，一味追求漂亮女性，卻不知愛為何物。一次偶然闖進皇宮，由此展開一系列跌宕起伏的離奇故事，韋小寶在這些故事中卻保全自己，一路飆升，得到自己想要的一切，成為金庸筆下最大的收穫者。

　　但是最令中國男人羨慕不已、垂涎三尺的，應屬韋小寶那七位國色天香、傾城傾國的老婆了。七位佳麗，七種風情，真是豔福齊天啊！這讓女人們直恨得心癢癢，一聚會就像痛打落水狗一樣痛罵韋小寶這個花心大蘿蔔。

　　其實，花心的又豈止是韋小寶一人？自從母系社會結束，女性身為社會結構中心的權威地位便轟然倒塌，女人成了一件能夠體現男性榮譽的物品。「娶妻娶德，納妾納色」成為天經地義。白居易

寫下著名的「櫻桃樊素口，楊柳小蠻腰」、「菱角執筆簧，谷兒抹琵琶。紅綃信手舞，紫綃隨意歌。」從小老師就逼我們背誦《賣炭翁》，卻從沒提過悲天憫人的白老先生居然如此風流！

記得幾年前，成龍大哥犯過一次錯誤，他事後公開粉飾自己說：「我只不過犯了一個所有男人都會犯的錯誤。」

那時候聽到這句話，我即刻把這位先前的偶像從心裡封殺，列入黑名單，火冒三丈，把這個大言不慚的男人罵了個狗血淋頭，我當時覺得他簡直壞透了，就像一個歹徒殺了人不怪自己德行不佳，反而怪受害人該死。

可是前幾天，在網上看到有人說：「沒有不花心的男人，只有自制力強的男人。」我竟然覺得十分有理，一點也沒有幾年前那種激越的感情了。看來，大多數人已經接受了這一個事實了：就像女人天生愛作夢一樣，男人天生就花心。

張愛玲曾說過一句非常精闢的話：「每個男人的心裡都有兩朵玫瑰，一朵紅玫瑰，一朵白玫瑰。」其實這位姐姐還少說了一位，每個男人心裡都藏著三個女人。

1、一個是白蓮花

白蓮花是男人的初戀，冰清玉潔，美麗如夢。只可遠觀而不可褻玩焉。對很多男人來說，那都是一朵在青春青澀的夢裡，一再搖曳的遙不可及的白蓮。

2、一個是紅玫瑰

紅玫瑰是男人的熱戀，火紅熱烈，震撼如電。不但可以緊擁入懷，還可以盡情親吻。男孩經過紅玫瑰的洗滌，變成了一個男人。紅玫瑰對成熟的男人來講，是愛不釋手的酒。得不到的總是最好，這朵紅玫瑰那個人一輩子都會默念著。

3、一個是康乃馨

康乃馨是男人的妻子，溫馨淡雅，溫情脈脈。她是男人奮鬥的動力，是男人心靈的依託，是男人回歸的港灣。她是男人的第二個母親。男人的天性都是兒童，而康乃馨會含笑縱容他的頑皮並耐心等待他在玩累時回家。

於是，男人一生的成長中，他會暗戀一朵白蓮，他會熱戀一朵紅玫瑰，但是他會選擇一朵康乃馨來共度人生。

白蓮是不適合共同生活的，因為她是如此超凡脫俗，不食人間煙火。紅玫瑰能激起男人的征服欲和分泌雄性激素，但是要與一個真正熱情似火的紅玫瑰生活，很多男人並沒有這樣的信心。因為他會擔心不是引火焚身，就是殃及魚池。而很多男人需要的只是一個如康乃馨般溫情、寬容的妻子。

男人的花心似乎是天生的，我一直在想這是不是因為男女身體構造的不同，就已經決定了這個現象。不是常有人形容男人是「下半身動物」嗎？姑且不說這句話的好壞，起碼是具體的。

男人的構造，確實如此，容易衝動，亦容易滿足。往往很多時候，對於性的需求，會讓他忽視掉很多的東西。

當然，男人的花心，不會真的只是因為構造的原因了。喜歡美，進而希望擁有之，這也是人之常情。古時皇帝有三宮六院，就是普通點的人家也起碼有個三妻四妾。這種男女不平等的時間延續了幾千年，說變就變，還真不是男人們所習慣的。

不過我們認為，男人花心本身不是罪，男人的生活的的確確是女人造就的，藝術靈感也多是女人賦予的。要不然我們能讀得到《琵琶行》、《雨霖鈴》這類淒美絕倫的詩詞嗎？蕭邦、柴可夫斯基還會寫出使人靈魂出竅的傳世佳作嗎？只不過詩詞背後卑微的美麗女子，卻逃脫不掉俯仰由人的命運。

因此，拜託天底下的男女都能多為對方著想一些，花心不是錯，可是控制不了自己的行為，那可就是大錯特錯了。總之，不要傷害自己所愛的人，這應該是花心的一個底線哦！

中國式不離婚

中國的男人和女人，對於情變，忍耐程度不一樣：男人往往能容忍女人思想上的背叛，但不能容忍女人身體上的背叛；女人則往往能容忍男人身體上的背叛，但不能容忍男人思想上的背叛；於是，有了中國式的不離婚……

「我背叛，但我不想離婚。」這是我親耳聽到的一個男人的出軌自白書：誰不想有個溫暖的家庭，又有誰守著溫柔、賢良的太太還想節外生枝呢？我想身為一個心理正常、生理正常的男人來講，絕不會輕易萌發離婚這種想法！

現在我正處於離婚的邊緣，導火線在我這邊，在太太眼中，我所做的一切事情都缺乏正確性，都讓她難以滿意。我的出軌並非是一時的衝動，更不是經不起身體的誘惑，而是早有準備，早有預謀

101

的出軌。我要用出軌的行為來震撼已經僵死的婚姻，讓太太對我有一個新的認識和新的審視態度。也許這種方式看起來顯得殘酷，但我不認為它卑鄙。

我並沒有因自己的婚外情而對自己產生所謂的罪惡感，反而感覺到在自己身處的現實生活中，原來還存在著如此美麗、璀璨的霞光。她之所以能夠不斷吸引我的地方並不是她的外表。說實話，她的容貌與我太太的容貌相比就像數學中的不等式一樣。她對我的誘惑是來自她知識的多面和淵博，以及她看待事物的獨特方式。

快樂有時讓我忘掉了婚姻的存在，但潛意識又告訴我的確存在著的婚姻，我在快樂中矛盾，在忘乎所以的同時牽繫掛念。後來由於工作原因她要到外地工作很長一段時間，聽到這個消息後心中有一種說不出的感覺，是心痛還是驚喜？我自己也無從說起，痛與喜同樣是源自於她短暫的離開。剛剛目送飛機的遠去，我就很唐突地去了太太娘家。

面對淚水縱橫的太太，面對岳父、岳母大人的信任和原諒，我感到自己內心世界裡一直追求的所謂真愛的想法在瞬間坍塌。在那段敏感期裡，我一邊勸慰太太回家，一邊忙碌著接打女友的電話，愛與親情的關係就這樣在矛盾中並存著。

我痛恨謊言，可是有時謊言真的可以找出無數條挽救自己的理由。我之所以一直堅持著這段婚姻，就像吸毒者離不開毒品一樣，這包含著我對她習慣性的愛。

這個出軌男子最後告訴我的一句話是：「其實我周圍的朋友也都是我這種心態。」我明白他的意思，他是說他是許許多多渴望出軌又拒絕離婚的男人中的一個無名小卒。我並沒有對他的話表示吃驚，因為對於形形色色的男人出軌，我研究了也不止一日，我早就窺探到中國式不離婚的背後掩藏著什麼，那就是男人的自私。

出軌男人對待婚外情堅持不離婚，我們總結出以下心態。

1，只是逢場作戲，把情人當作甜點

情人只是甜點，所以只愛一點點。由於不是光明正大的愛，所以他必須時時刻刻保持高度的警覺，整天跟做賊似的，還要不停地編故事，「今天要加班」，「明天要出差」。在人多的地方與情人不能大大方方地牽手，在光天化日之下不能輕輕鬆鬆吃飯、聊天，成天心思重重，坐立不安，愛得十分辛苦。這都不算什麼，頭疼的是一旦婚外情敗露或你想甩她甩不掉的時候，那麻煩就大了。

2，兩個女人他都愛，卻又都傷害

有的男人對情人和妻子都是真感情，對誰都不想放棄。這個想法簡直太天真，大多數的情人沒有那麼大的犧牲精神，不會甘願做情人，而妻子是絕不會與別人共用一個男人，兩個女人都希望與心愛的人天長地久。浪漫和激情的背後是妳必須做出艱難的選擇，妳既放不下家庭、孩子和責任，又不願意結束浪漫的情緣，當愛搖擺不定、患得患失、如履薄冰的時候，人是快樂瀟灑不起來的。

3，只是想彼此溫暖，並不想傷害任何人

「妳我相逢在黑暗的海上，妳有妳的，我有我的方向」是這種戀情最好的寫照。可是只要有了不道德的感情，就等於埋下了一顆不定時炸彈，隨時都會傷人傷己。

4，見一個愛一個，破罐子破摔

這類男人的妻子開始的時候成天提心吊膽擔心他離開，到後來漸漸麻木，最後會選擇離婚。這類男人大多是死硬派，家是堅決不回，婚是堅決不離，誰要勸他離婚，他會和你拼命，大罵你惡意拆散他的家庭。

對於本節一開始那位出軌的男士，雖然他說背叛是因為能有新的給予，給予對男人來說是享受，但事實上還是一種習慣和依賴導致他不離婚。誰不願意熊掌和魚翅兼得呢？也許他已經習慣了妻子照顧他的飲食起居，已經習慣了某種特定的生活方式，他只是希望能在舒適之外獲得一些刺激，一些「活力」。這種習慣性更多的是一種享受，而不是付出。所以這位男士已經忘記了婚姻的義務，而只是希望繼續享有婚姻的權利和好處。這不是自私是什麼？

所以，中國式不離婚的背後隱藏的是赤裸裸的自私，無論男人們如何解釋，都不要動了側隱之心，那不過是騙人的鬼話。

個個都是角鬥士

　　如果妳不瞭解一個男人的征服欲，那麼妳就根本不瞭解任何男人。男人追逐女人有很多動機和目的，其中有一種叫「征服」。女人吸引男人也有很多方式，但最有效的莫過於激起他的征服欲。

　　假如妳不能理解「征服欲」，妳就很難理解《圖蘭朵》——為什麼有那麼多王子肯為圖蘭朵送命，那不過是一個驕橫的年輕姑娘。她宣佈她的求婚者必須經過她的面試，她給他們三個謎語，猜出來的上婚床，猜不出的上天堂。於是，那些出身高貴、富可敵國，自以為英俊風流、聰明絕頂的男人，前仆後繼、拋頭顱灑熱血，一個一個血濺情場。

　　他們死得其所嗎？《圖蘭朵》講述的是一個征服的故事，那些死去的男人，是為了渲染和烘托真正征服者的光榮——就像將軍死

於戰場，攀登者死於山崩……對一個最終的成功者來說，僅僅自己成功是不夠的，還必須有其他人的失敗做為烘托來顯示對比效果。

我自己也有圖蘭朵的經歷，大一的時候，學院有個優秀的男生追我，他的確是個優秀的男生，可是他擺明了不缺女朋友，根本不用他費心，就有女孩子主動上門來邀約，何苦在我這裡浪費精力呢？

在那樣的青澀歲月，我始終搞不清楚這個道理，所以就一直沒有答應做他女朋友，儘管他非常執著，執著得讓我感動，但感動終歸是感動。這次初戀的經歷給我上了很生動的一課，使我體會到，很多男人圍著女人團團轉，不全是因為愛情，很多時候是自己身為男人的虛榮心在作祟。

一個記者問一個探險家：「為什麼要花那麼多時間，走那麼多路，冒那麼多風險去登山？」

探險家回答：「因為山在那裡。」

對於男人來說，也是一樣，為什麼要去征服女人？

因為女人在那裡。

登山的成就感也許就在於登頂的那一刻──說穿了，不過是你站的比別人高一點，有什麼好驕傲的？但是人活一輩子，除了活著，不就是為了能比周圍的人高一點點？或者說得再動聽一些，不就是為了超越自我、提升自己？既然這樣，還有什麼比「征服」更

過癮、更讓男人熱血沸騰的事呢？

幸虧這世上還有我這樣的「圖蘭朵」，對男人來說，我們就像女人中的梅花雪山，高貴、驕傲、令人心動。攀登這樣的山峰僅有體力和財富是不夠的，還必須有運氣以及雪山女神所青睞的素質。她拒絕，是因為有所期待；她有難度，是因為要拒絕平庸之輩；而這拒絕來得越堅決，對於征服者來說，征服的欲望就越強烈。

不過，所有的征服者都應該明白，征服有的時候意味著佔領，但佔領不等於征服——你可以佔領小山坡，在那上面蓋一座小房子，生兒育女，開荒種地，但那只是一片小山坡；你也可以憑財勢買下一幢山中豪宅，在那裡顯耀你的榮華富貴和驕傲的一生，但那也只是一座山中豪宅；可是你絕對不可以用這種方法征服一座真正意義上的山——因此，最優秀的征服者往往是最不動聲色的——他們潛移默化、有耐心、有策略、有頭腦，他們要讓心儀的女人「自己征服自己」——看上去，他們似乎在下面，但實際上，他們卻一直在上面。

順便說一句，對於男人而言，成為強者無非兩條道路——一條征服世界；一條征服女人。所以說，在歷史上，有多少男人死於征服世界，就有多少男人死於征服女人。因為，幾乎所有的女人都喜歡做「圖蘭朵」——男人把生命交到她的手上，由她生殺予奪。做這樣的女人真是幸福啊！

不過，女人也不要高興得太早，因為男人的事業永遠在馬背上

和女人的肚皮上，也就是說，女人的肚皮不是男人最主要的疆場，在江山和美人之間，大多數男子還是更愛江山的。

當然我也不否認會有例外，比如查爾斯這個絕版男人，簡直令無數為情、為愛受盡折磨的少女、少婦們奉若「情聖」。更刺激癡心女子的是，他為了一紙婚約付出了代價，甘為情人棄王位，又是一個「不愛江山愛美人」的翻版。不過女人若真要將《紐約時報》的結論當作金玉良言，也去堅守著妳所謂的愛，也想創造出一個童話來，那麼，勸妳趁早死了這份心。查爾斯與卡蜜拉的故事只有令人欣賞的分，只有令人羨慕的分。不要說持續30多年，只要花上幾年時間，在妳的皺紋不及卡蜜拉一半時，妳的「王子」依舊笑春風，而妳只會苦澀淚水獨自嚥。妳夢想的童話只會變笑話，笑話最終變作苦情劇。

不離不棄在幾十年的時間長河中，不是這麼容易做到的。隱藏在男人背後的女人們，想想看，妳的「至愛」會一再一再地守護著妳？在世俗社會中，妳的容貌、青春只有幾年的光陰。即使妳退而求其次，不要名分，只想長久守候著自己心愛的男人，也沒戲唱。男人的「愛」刻不到骨，入不到心。男人們遊戲著人生、情感，用規則來圈定交往界線，如此又何來用情之深、用情之苦？查理斯的「不愛江山愛美人」，在男人看來，有江山何愁無美人。

男人最擅長遊擊戰，又為何只死守一塊陣地呢？

不是男人的錯

　　記得大學上課時女生嘰嘰喳喳討論自己的男朋友，一個女孩子痛陳男友的不是，說這麼色的傢伙，真是壞透了，結果被班上男生聽到，哈哈大笑「不就是色嗎？色怎麼是壞呢？」他們把好色歸為特點而不是缺點，因為「男人還有不色的嗎？」在他們眼裡，不色的男人就應該去醫院報到。

　　英雄本色，美好的事物人人愛，所有的男人都會為美色所動。愛美之心，人皆有之嘛。前美國總統卡特在接受某雜誌訪問時，就公開承認，自己在看到美女時內心會產生遐想。前任美國總統柯林頓則是抵死不承認在這方面有「瑕疵」，可是事實勝於雄辯，他對色的衝動絕對比一般男人有過之而無不及。

　　在這點上，可說是天下男人一般「色」，成龍和洪金寶都公開承認男人是很容易犯某種錯誤的動物。讀書的時候，有一些關於好色的趣事。由於科系的關係，學校裡美女如雲，老師們對漂亮的女生們一向都是彬彬有禮，關愛有加。遇到考試，只要派個代表上前一陣發嗲，考題悉數盡出，美麗的女孩子，分數自然是低不了的，男生們只有一聲歎息的分。

　　其實，這真的不是男人的錯。

　　女人的美麗需要男人來欣賞，「好色」是男人對女性最貼心的讚美和最煽情的恭維，想像一下，假如世上都是目不斜視的正人君子，沒有好色男人的存在，就沒人憐香惜玉，常獻殷勤，對妳柔情蜜意，溫柔體貼，周圍盡是呆頭鵝，呆板無趣，不解風情，乏善可陳，美好的身形沒人看，漂亮的衣裙無人讚，生活會有多麼寂寞和單調。

　　有一種說法，男人去餐廳吃飯，點菜時只看菜名不看漂亮女招待，說明這個男人已經悲哀地老去。到過文學城的男人，相信沒有哪個沒在美人風姿留連過。我也相信，對畫中美眉浮想聯翩，和愛自己的老婆和小家沒有矛盾。剛剛把100張美眉圖下載到硬碟裡的老公，也許關掉顯示器就去廚房洗碗、切菜去了。老婆倘若無意間瞥見老公電腦裡玉體橫陳，大可不必大驚失色，看就看唄，反正看得見，摸不著，大不了我也去看帥哥，誰怕誰。

　　告訴自己的男人，如果好色也請大大方方不要賊頭賊腦，免得神情曖昧惹人嫌。至於男人可靠不可靠，也許很難從表面來判斷。好色的男人可能有了抵抗力，貌似老實的男人卻未必經得起一點點引誘。

　　所以，下次和男友逛街，看見有穿著低胸小可愛的年輕女孩在大街上遊蕩，男友不慎一頭撞上電線杆，不必大動肝火。

第五章
女人和女人在PK什麼

女人原本不該為難女人的，可是有了男人的介入，

女人和女人之間究竟在較量什麼？

青春？美貌？聰明？嫵媚？

美貌和青春不過是普通女人之間的較量罷了，

真正的較量還不為所知，答案就在本章。

青春其實很廉價

　　一直以為，女人的歲數和她獲得幸福的能力成反比，女人越年輕，男人越喜歡。而事實上，那不過是一些普通男人和普通女人的定律。對於狐狸精女人，這些論調統統不成立。

　　青春對於每個人都只有一次，所以青春對於每個人都很寶貴，普通女人的青春並不比其他人的青春更短暫，但是她們的青春就像一卷底片，過期作廢。所以，如果不在有效期內多照幾張，將來恐怕連個回憶都沒有。

　　可惜，大多數女人的命運和大多數底片一樣，她們根本沒有成為珍貴圖片的可能，她們不過是胡亂或者精心地照了一大堆庸俗的風景或人物，除了自己留念沒有其他價值，更慘的是，有的底片可能因為曝光過度，甚至連沖洗出來的價值都沒有，她們永遠留在黑

暗之中。所以，如果女人太普通，她們的命運就很像底片，屬於她們自己可以做主的部分很少，而且只要有效期一過，就再也沒有人肯在她們身上浪費時間。

而男人如果太普通，他們就會像以前從來沒有摸過相機而現在剛剛得到一臺似的，他們總是需要更多的底片，他們從來不去考慮構圖或者光線，對於他們來說，享受只在按下快門那一剎那，完了就完了。一個女人如果遇上這樣的男人，無論如何，對她來說都不是一件好事。

有閱歷的女人與年輕女子比，除了失去青春，實際上並沒有失去其他的寶貴東西。相反，她多了閱歷。一個有閱歷的女人，對於男人來說，就像一幅歷經朝代更迭的名畫，雖然有些殘破，但她是唯一的，不可再生的，不像青春，世界上年輕的女孩子多得就像麥當勞新鮮出爐的漢堡，少吃一個，多吃一個都無所謂。而名畫，卻不是這樣。

青春廉價不廉價，看看許戈輝就知道了，鳳凰衛視的女主持，誰會想到她會在三十多歲的高齡嫁給鑽石級男人？而且那個男人並不像我們想的那樣是個老頭子，而是一個坐擁數億資產的青年才俊？如果說許戈輝僅僅憑藉的是年輕貌美，那麼她一定比不過十八歲的美眉，可是十八歲的美眉到處都是，而許戈輝只有一個。

也許很多人會說，哦，他們的婚姻不一定幸福啊！不一定長久啊！說不定哪天就散了呢！其實，這世間誰的婚姻就一定長久？再

說，難道長久就一定會幸福嗎？張艾嘉曾經說過一句話，所有女人所受的傷害，都是她願意承受的，她不願意受的傷害，傷害不到她。

這句話沒有閱歷的女人是說不出來的，有了閱歷的狐狸精女人最厲害的一點，實際上就是她們對男人、對普通女人知己知彼，所以她們百戰百勝。

情場如戰場，她們早計算過自己的兵力和優勢，對於沒有把握的戰鬥，她們根本不去花費那個功夫。你是比爾·蓋茲，跟我有什麼關係？最多我投石問路，但僅僅試探一下，一擊不中，全身而退。有閱歷的狐狸精有這個本事，她們不會像年輕女子那樣尋死覓活、尋恨覓愁。她們勇於奉獻，勇於索取，善於妥協，並且知道自己想要的是什麼。

不用警告她們最壞的結果，她們早已經計算過了，比如說，也許幾年以後會分手，OK，有什麼關係？到時候，我作為你的妻子，你總得分我一半財產吧？你捨得，我就捨得，我即使受了感情的傷害，但我的傷害是有補償的。說到底，哪個女人一生沒有受過傷害？人生就是一個不斷受傷、不斷成長的過程，狐狸精就有這個氣度。她們根本不懼怕光陰的打磨，青春一去不復返，失去的不過是皮毛，換來的則是正常男人都無法抵擋的風韻。

做女人不是開演唱會

美女和演唱會有什麼關係？嘿，關係大著呢！常聽人說，是女人都經不起時間。這句話我相信，以前就聽師傅說過：「自古將軍與美女，莫使人間見白頭。」看了電影《做頭》，更是感觸甚深。

看過《做頭》吧？關之琳出演片中女一號，淮海路上一枝花，但是都嫁人10年了，天天蜷縮在沙發上為自己的回頭率而斤斤計較，還那麼自戀，常常到掛著自己頭像的美容院做頭，而且偶爾發現美容院換下了她當年的照片，有點尋死覓活的偏激。

瞧她，30好幾都快40歲的人了，還不習慣平淡生活，還在和自然規律慪氣。還有《紅樓夢》中那個晴雯，她被轟出大觀園，又氣又病，寶玉前去探望，晴雯對寶玉說：「我不過是生得好看一些，怎麼就說我是狐狸精？」

　　唉，難怪會說她心比天高，命比紙薄了，一個女人生得美不重要，重要的是自己太把自己的美當一回事了。比如晴雯，長得漂亮的丫鬟多的是，偏偏妳跟寶玉使小性子，結果呢？知道什麼叫「霽月難逢彩雲易散」了吧？「紅顏薄命」的悲劇往往起源於「紅顏」對命的指望太高，以致不肯以平常心看待自己的美。

　　其實，這些美女不懂，紅顏不一定薄命，薄命的紅顏都是因為她們太寵愛自己了，她們不懂得過日子不能跟演唱會似的，永遠有人給妳鼓掌，永遠一個高潮接一個高潮。

　　所以，奉勸姐妹們聰明點，千萬別動不動就與美女玩PK，勞神傷財，根本沒必要。

　　其實，對於一個女人來說，僅是美是不夠的——花朵美，很容易凋零；花瓶美，很容易摔破；所以，一個極品女人，比如狐狸精必須堅韌——要具備珍珠的素質，美麗且堅強，百折不撓，這樣才能無堅不摧，無往而不勝。要不然，妳拿什麼來捍衛妳的美呢？指著男人嗎？別開玩笑了。演藝圈，多少藝人身世飄零，多半都是沒過好美人關啊！——比如阮玲玉留下一句「人言可畏」之後服毒自殺，其實何苦？

　　看過一篇報導，說的是陳曉旭的事。她當年拍了電視劇《紅樓夢》之後，就再也沒人找她拍戲了。不做「黛玉」許多年，在家經過好幾年的修鍊，最終成了人精，開了廣告公司——我不拍戲總可以吧？我做生意。我認為陳曉旭就很好的過了「美人關」。

另一個值得表揚的極品女人是潘虹，當年她憑著一雙天然妙目，紅遍千山萬水，如今依然活躍在銀幕上，不過是以「老旦」的扮相——怎麼看怎麼舒服。看來美人老了原本是有出路的，只是老美人偏要和小美人爭，那就容易把自己往死胡同裡逼了。

我認為如果實在不甘心從美女變成美婦，從美婦變成美老太太，我建議向黛咪‧摩爾學學，出來混是要有點本錢的，別以為曾經美麗過，就能一直美下去——妳看黛咪‧摩爾，上個世紀90年代，平均片酬是1,250萬美元，高居當時好萊塢女星收入排行榜冠軍。後來她生了3個孩子，變成水桶腰的尋常婦人——她是怎麼過自己的「美人關」？花了整整25萬英鎊整容，還用45萬英鎊請了一個營養師，一個私人健身教練，一個瑜珈教練和一個拳擊操教練，這樣才恢復了魔鬼身材——所以，美人要想一直美下去，就要肯花錢——美麗既然是一種資源，美麗既然能夠為妳帶來財富，那麼妳為延長美麗追加一點投入也是應該的吧？

只是，有幾個人有這麼雄厚的本錢去過「美人關」？所以，大部分美人還是趁著美麗依舊的時候，狠狠「功利」幾年，其餘的以後再說——總之，別跟晴雯、阮玲玉她們學就是了。只要美人過了自己這一關，哪還有紅顏薄命一說啊！

戴安娜的困惑

2005年4月8日晚，查爾斯王子趕回了英國格羅塞特郡的鄉下莊園，9日一早又前往溫莎。中午12點30分，他要在溫莎市政廳和相愛了35年的卡蜜拉結婚。

這一天是查爾斯外祖母、伊莉莎白王太后去世3週年忌日，但查爾斯一天都不願再等了，執意要在這天辦喜事。也許他等了35年等得太久了。

與第一次的婚禮相比，查爾斯的第二次婚禮很低調。1981年7月29日，查爾斯和戴安娜在倫敦聖保羅大教堂舉行了婚禮。婚禮奢華到了極點：處女新娘，數公尺長的婚紗，紅地毯，古典馬車，3500名嘉賓，60萬聚集在倫敦街頭的民眾，全球實況轉播，7.5億觀眾……婚禮成了隆重的節日。

可是，昔日的美麗新娘早已香消玉殞，1996年8月28日，查爾斯與戴安娜正式離婚；1997年8月31日，戴安娜與男友多迪·法伊德在巴黎死於車禍，再次引起世界震驚。

在人類的婚姻史上，查爾斯王子的出軌是最不符合常規的了，在任何人看來，他都沒有出軌的理由，可是他竟然不顧一切地放棄了美貌、善良的妻子，選擇了又老又醜的情人，這個男人怎麼了？全世界的男女老少都在疑惑。

如果我沒有記錯，查爾斯王子的父親對自己的媳婦戴安娜王妃曾說過這樣的話：「我無法想像一個頭腦正常的人會離開妳而選擇卡蜜拉。」那個時候，這枝美麗的「英格蘭玫瑰」正為自己和王子的婚姻問題而備感痛苦，她對外界說：「我們的婚姻中有三個人，這有點太擁擠了。」

那麼誰將出局？以我的智力、水準、眼光，我認定該是卡蜜拉。關於已故王妃戴安娜我們知道得太多了——她的美麗、她的同情心、她的風度，以及她所遭受的一切感情傷害。但是對於卡蜜拉我們知道多少呢——她比查理斯王子還要年長，她已經有了丈夫，她不美，她憑什麼？就算她說話風趣，但這是女人吸引男人的決定性因素嗎？

在這場三個人的戰爭中，戴安娜輸在何處？不知道大家還記不記得在她被公開的錄音帶中，戴安娜曾經說那一天是她生命中最糟糕的一天，因為她知道她即將要嫁的這個男人，心中一直有另一個

女人。既然如此,她為什麼還要披上婚紗走進教堂?

記得我曾經和朋友討論過,朋友說:「因為她畢竟是一個女人,而且是一個不甘心的女人。」

想想也對——如果查爾斯王子只是一個普通男人,有幾個女人肯受這樣的委屈,但假如嚥下這口氣,假以時日,就能成為一個國家未來的王后,我想換作1000個女人,999個都會做出與戴安娜一樣的選擇——先結婚再說,何況自己才19歲,有的是時間;而自己的對手,不過是一個老女人,怕什麼?

我想戴安娜王妃一定高估了自己——她高估了自己的魅力、競爭力以及承受力,我猜她應該是一個不甘心的女人——她真的不甘心,丈夫會因為一個年老色衰的女人而冷落自己,這對於她來說一定是奇恥大辱,我相信她寧願卡蜜拉漂亮一些、年輕一些,這樣世人就會把查爾斯的移情別戀理解為「男人的風流」——男人犯這樣的錯,相對來說,總是讓女人好受一些。比如說辣妹維多利亞對丈夫貝克漢、前第一夫人希拉蕊對先生柯林頓,不是都原諒了嗎?

男人最可恨的並不是他禁不起誘惑越了雷池,那是可以原諒的錯誤,但不可原諒的是他竟然敢真的愛上別的女人,尤其這個女人還不漂亮——這對於戴安娜王妃來說,一定比不忠本身更難以接受,這幾乎是在公然貶低她身為女人的魅力——我能深深理解戴安娜後來所做的事情,她對查爾斯王子的種種不忠,不過是一個不甘心女人的典型選擇。

還有，她犯了一個全世界女強人都很容易犯的錯誤——忽略了男人的興趣和感受。她是個成功的公眾人物，但她是個失職的妻子。查理斯接受過正規的傳統教育。他愛好歷史、哲學、考古學、人類學。除了出訪、公益、社會活動之外，查理斯還喜歡打獵、釣魚、打馬球、聽歌劇、繪畫、研讀哲學。

可是戴安娜喜歡時尚雜誌和通俗小說，喜歡逛街購物和流行音樂，喜歡被查爾斯稱為「可怕的表演」的跳舞。她可以學會王妃所需要的禮儀、著裝、言談；但身為要與查理斯日日相伴的女人，她卻幾乎沒有時間也沒有能力去瞭解和體貼一個與她地位迥異的男人，因為她和查爾斯結婚的時候只有19歲，在這之前她的全部經歷僅僅是學業平平的學生、一家貴族幼稚園的保育員。

在媒體面前，站在戴安娜身邊，查爾斯黯然失色，和時尚領導者的妻子一起出現在鏡頭前，他更被譏笑為老氣橫秋，他好像始終都是配角。戴安娜扮演王妃的角色越來越遊刃有餘的時候，她離查爾斯妻子的位置也就越來越遠了。

不過斯人已逝，還是讓我們祝福這對高齡戀人吧！讓老去的靈魂安息。世界上沒有一樣東西能夠承受得住千萬雙眼睛，經年累月明目張膽的打量，戴妃累了。

卡蜜拉的優勢

　　與戴安娜王妃相比,她年長得可以做她的母親,而且無論我們以什麼時代、什麼標準去判定一個女人的外貌,卡蜜拉都談不上是個美麗的女人,與戴安娜王妃相比,她甚至可以說是有點難看。然而,卻是這個女人在這場擁擠的婚姻中勝出了。

　　被人嘲笑「年齡是戴妃的一倍,美麗是戴妃的一半」的卡蜜拉,確實令人不敢恭維。惡俗之人將最不中聽的形容詞都堆砌在她身上:李子乾、瘦骨嶙峋,皺得像顆老蘋果⋯⋯然而,偏偏是皺紋滿布臉上、過了更年期的她,卻有魔力讓王儲30多年一直對其不離不棄。

　　按照世俗的郎才女貌擇偶標準,閱盡無數美女、貴為王子的查爾斯,好端端的一個美貌的戴安娜不欣賞,反而和老情人卡蜜拉藕

斷絲連，真是個大傻瓜。而查爾斯卻不是如此解讀愛情與婚姻這個大雅大俗題目的。

讀懂、讀透卡蜜拉的是查爾斯，查爾斯在卡蜜拉身上找到了「溫暖、理解和他一直渴望卻從未在其他人身上找到的堅定性」（查爾斯傳記作者語）。就是說，不是隨便一個美女就能打動王子的心，即使擁有融化鏡頭能力的戴安娜，也沒本事「融化」查爾斯。

卡蜜拉勝在哪裡？無非是她更善於忍耐。卡蜜拉雖然不美也不年輕，但是她肯為查爾斯受委屈——當整個世界都在指責她的時候，她何嘗抱怨過一聲，解釋過半句？許多人在比較她和戴安娜的時候，都會更同情戴安娜——那麼美麗，那麼光彩奪目，那麼富有同情心，但是為什麼查爾斯王子不肯對她好一點呢？也許只是因為戴安娜太不肯委屈自己吧？她嫌三個人的婚姻太擠。

她還說：「我曾有過許多小女孩的夢想，希望我的丈夫會照顧我，就像父親那樣。他會支持我、鼓勵我，說『做得不錯』。而這些我從沒得到過。」她甚至公開承認自己另有所愛，並質疑自己丈夫是否足以擔任未來的國王，還說情願自己兒子直接繼承王位。她說完這一切以後，居然還表示她不想離婚——怎麼可能呢？

我不是說戴安娜這麼做有什麼錯，我是說如果她決意要這麼做，她就要做好失去查爾斯的準備。即便是不肯為他受委屈，那也不要如此大放厥辭，這樣怎麼還能要求他憐惜妳、顧念妳呢？戴安娜太不懂做女人的技巧了吧！

同情戴妃的人或許會說這個醜女人在做秀，太「狐狸」，但是，牽扯到私生活的幸福，不狐狸一點又怎能行？所以，身為女人，即使沒有情敵出現，最好也要讓男人看見妳的「愛你，委屈，卻絕口不提」。這樣堅持下去，妳肯定是最大的贏家。否則，一點委屈都吃不得，肯定與幸福無緣。

女人什麼時候最委屈？電影《做頭》中關之琳的親密閨友對她說的那句話非常經典：「妳這樣的大美女沒有嫁好，實在是太可惜了。」

彷彿一個女人，如果長得很美，但是只嫁給一個平凡的男人，即使這個男人千方百計疼她、愛她，她依然是委屈的，因為她沒有享受到做女人的快樂——不事稼穡，不為柴、米、油、鹽發愁，任何時候都被當作豌豆公主一般寵著，自由自在隨心所欲，只要她喜歡，即使是水中的月亮，也有男人承諾一定會替她撈上來。

其實，一個女人如果這樣想，就很難擁有幸福，因為她太容易感到委屈——我長得這樣美，有這樣多人喜歡我、想得到我，但我偏偏挑選了你，那麼你該怎樣愛我才能報答我對你的愛呢？我有一個女朋友，也長得很美，男朋友也不是不寵愛她，但是無論怎樣寵她、愛她，她總是不滿意，她任性的時候最喜歡說的一句話就是：「當初是你先追求我的。」

好像她答應了他，他就欠下了她還也還不清的債。她經常會說：「既然你愛我，你就要讓我幸福，這是你的責任。」

但是，怎樣她才會感到幸福呢？她要男朋友時時刻刻一天24小時把她捧在手心裡，任勞任怨，稍微有一點怠慢，她立刻就柳眉倒豎做怨天尤人狀。她不知道，那種捧著的姿勢是很累的，即使她是一尊最完美的青花瓷瓶，令人愛不釋手，也沒有人能夠幾十年如一日地捧著，如果有人肯這樣做，最後也一定會因為捧得手酸、累得頭昏而失手打破——很多的初戀就是這樣打破的。

　　有一首憂傷的歌，劉若英唱的，其中有一句歌詞，「為什麼人年少時，一定要讓深愛的人受傷？」因為，那個時候，我們都太愛自己，太捨不得讓自己受委屈，哪怕是一點點的委屈，我們都不肯。當然，我不是鼓勵妳委曲求全，我只是想跟妳說，妳雖不必太委屈自己，但是有的委屈屬於愛的委屈，妳遇到了就躲不了，唯有忍受下來，才有可能嘗到愛的甘甜。

章子怡惹誰了

　　章子怡是個備受爭議的人物，這個女孩（不，現在應該叫女人了吧！）的演藝事業簡直是個奇蹟，好像只要有她的電影在海外票房都特別好，連馮小剛的《夜宴》都藉助她的影響才能拍得風光。

　　讓人納悶的是，喜歡她的人不多，罵她的人不少，女人不喜歡她理由倒很簡單，女人善嫉啊！奇怪的是為什麼有一大堆的男人也不喜歡她。

　　章子怡惹誰了？其實倒不是章子怡惹誰了，是她的聰明惹誰了。章子怡並不是特別出色的美女，如果硬要往美女上面靠，她也只屬於第二眼美女。所謂第二眼美女，就是說第一眼看上去，並不那麼讓人過目不忘，但是再看一眼，覺得其實也挺好看的。

這種美女多數比較懂得經營自己，因為她知道自己比大多數的女人都美，但是比最美的稍微差那麼一些。這種美人大多是「心機美人」——她知道自己要什麼，也知道跟誰去要。因為她畢竟比一般女人要美一些，所以她是不甘心過尋常日子的。

　　所以，男人遇到這種女人只有兩種下場，一種被人家當臺階，人家接近你是為了站得更高一些，好讓更多的人、更多的男人看到自己，因為自己不是第一眼美女，所以需要幾個男人出來製造點人氣來提升自己；一種是被人家當大樹，比如像鄧文迪那樣的，雖然不夠漂亮，但能吸引默多克就足夠了。

　　章子怡就有這樣的聰明。以前當她剛剛被張藝謀發現的時候，媒體像聞著腥的貓一樣慢慢湊上來，不懷好意地問她：「請問妳對鞏俐的看法？」她總是耐心地一臉真誠地說：「我非常非常喜歡她，她非常非常優秀，她是我的楷模。」

　　這些話在我這種笨女人聽來，裡面隱藏著幾層玄機：鞏俐當然非常優秀，只不過是曾經優秀，妳看，現在她的優秀得由我這樣的新一代美女來評價；她當然是我的楷模，楷模嘛，就是老師，但老師畢竟是過去式了，妳說我能不尊敬她嘛；我當然非常喜歡她，對於一個曾經很優秀而且對妳已經構不成威脅的人物，妳沒有理由討厭。如果不多個心眼，直來直往地表達自己的討厭之情，未免顯得小家子氣，除了降低自己給人的印象，別無用處。

　　妳看，章子怡評價鞏俐的方式跟余秋雨評價歷史人物的方式有

異曲同工之妙。是的,她不需要跟一個歷史人物爭風吃醋。當那些記者問她鞏俐的時候,他們的錯覺是張藝謀還沒走出鞏俐時代,影壇還沒走出鞏俐時代,章子怡還沒走出鞏俐時代;以章子怡聰明的眼光看出去,鞏俐,嘻嘻……

章子怡雖然聲稱「喜歡」鞏俐,卻從來不跟鞏俐打照面,倒是每天跟楊紫瓊、周潤發、李安之類的風雲人物一起出現在公眾面前,新聞不斷。

鞏俐的時代已經過去,章子怡的時代已經來臨。當美女的朝代更迭時,我們的眼前風雲遽變。首先是八卦爆料人和狗仔隊們,開始把更多的目光投向新的美女;接著新的美女們自動組合起來,大鬧娛壇,一會兒假裝爭風吃醋,一會兒假裝緋聞不斷,一會兒緋聞中的男男女女又聚在一起宵夜,她們是青春美麗、活力四射的一群,她們有無數的機會和可能;慢慢的,新的美女開始跟那些盤踞娛樂圈的中堅力量們結成新的陣營,一時間新人煩怨舊人哭,當然,新人總是笑在最後;最後,頒獎典禮上新人們不斷侵蝕著地盤,直到把老人擠得不好意思再待下去……新的天后就出現了。

這就是章子怡的套路。

不過,對章子怡這樣聰明的美女來說,天后也不是她的終極目標。這也是她比鞏俐聰明的地方。妳看她明哲保身,到處宣稱自己沒有男朋友,作大眾情人狀,那是深諳現代娛樂圈的模式。

鞏俐就沒這麼聰明，她跟張導深愛一場，就把自己完全交出去了，直到現在也見得平息。章子怡就比她聰明多了，與張導合作了一次，一個筋斗就翻出了張藝謀的手心，跳到國際影星的陣營裡，跟國際知名導演們合作去了。

　　我們沒道理說人家勢利，人往高處走，水往低處流，這有什麼不對的呢？人家只不過是用說不上卑鄙的手段，利用了可以利用的人，這樣的心思不少人都會有，只不過自己的份量不夠，無法推動罷了。

　　章子怡前途不可限量，只要她再給自己增加一些親和力，出演的角色再迷人一點，她就可以風情萬種了。

　　美女之間的差異是，有些美女越老越美麗，有些美女曇花一現，不知道章子怡是個什麼星？現在她已經出色地用最短的時間，完成了從小荷才露尖尖角到大紅大紫，進身娛樂圈大姐大的轉變，接下來她的任務就是如何保鮮了。

　　一個美女，像花一樣開放，像花一樣凋零，我真希望我們的影壇能出現一些不那麼早謝的，甚至還能像嘉寶或者伊莉莎白‧泰勒那樣的常青樹。我把這個希望寄託在章子怡身上了。

美女敵不過妖女

　　這是個美女氾濫的時代，妳在街上叫一聲「美女」，連買菜的主婦也會回頭。從淑女、熟女、才女、猛女到超女，女人幫崛起，姐妹淘盛行，世界變熱鬧了，男人們更暈了。找窈窕淑女得供著，挑野蠻女友得忍著，面對美女，男人似乎只有招架之招，卻無還手之力。

　　審美倦怠的驅使，讓另一類女人進入人們的視線：她們不是標準美女，卻個性可人；她們少了大家風範，卻至情至性。

　　許仙碰上白蛇，寧采臣遭遇聶小倩，帕里斯飛掠海倫。轟轟烈烈、淒豔哀怨的愛情自妖精開始。至於紂王寵信妲己而亡國，唐僧惑於白骨精而歷險，雖是勸人向善的故事，卻也從側面證明妖之魅力無限。

港臺明星齊豫、張曼玉、王祖賢，論年紀都快與共和國同齡了，在其他人皺紋成堆、兒女成群的時候，她們卻依然頭不暈、眼不花又魅力不減地放出電眼迷死人，都多少有些妖的意思。

觀古今中外，佛道古板，魔鬼凶蠻，妖卻無辜。倘有花妖狐魅相伴，上天入地，詭異絕豔，色香味俱全，縱驚了洪蒙散了魂魄，也是精彩一生。

美女為何敵不過妖女呢？

1、從量上看，不缺美女缺妖女

物以稀為貴，這是萬古不變的真理。有人說：「現在世界上什麼都缺，就是不缺美女。」這句話雖然極端了一些，但是也確確實實說明，美女如雲的時代早已經來臨。就像有人說的：「鼻子墊墊，眼角開開，下巴磨磨……只要不是先天條件太差，個個都是美人胚子。」

2、從質上看，妖女比美女更銷魂

所謂妖女，就是有著魔鬼般的身材，狐媚的面孔，一雙懾人心魄的眼睛專門拿人神經。妖女就是一張特別通行證，暢通無阻，飄忽不定。在人海裡談笑風生，妖言惑眾。妖氣彌漫的時候，連柳下惠也會心旌搖盪，蠢蠢欲動。

妖女來無影去無蹤，卻從不傷人性命，喜歡招蜂引蝶，讓別人

和她如影隨形。

妖女忽而冷豔孤傲，忽而如火樣熱情，這要看她的心情。就是這樣風情萬種的演繹，才讓凡夫俗子的心靈不得安寧。

妖女嫣然一笑，上帝也會心跳加速。用點媚惑調劑一下芸芸眾生麻木的神經，效果說不定不錯。

3、妖精女人更時尚：或者不夠美麗，但獨具特色

很少有美麗女子成為妖精的，往往都是那些不太美麗又有一些些美麗，但絕對很具特色的女子最終磨練成了妖精女人。

在這個物欲橫流的社會，要包裝出一個美女實在不是件困難的事情，而特色女子是與生俱來且無法模仿的。如同特色小店，總是賺了很多人的牽掛。

妖精女人不做作，隨心所欲的舉手投足怎麼都有著別樣風韻，正是這假裝不來的特色，成為妖精女人極具殺傷力的武器。

妖女獨立自主但不自以為是。被男人養在家裡且花男人錢的女人，是無法稱之為妖精女人，即使是，也只能是曾經。籠子裡的金絲雀雖然有翅膀，可是牠們不再飛翔，遲早有一天翅膀會退化的。

妖精女人一定不會這樣，她們通常有一份讓人羨慕的工作，領著不菲的薪水，絕對不需要依靠男人的口袋。但她們卻常常小鳥依人狀，讓男人不由自主地覺得自己很強壯，要好好呵護她們。

4、做妖女的難度係數更高

美女美在表面上，妖精媚在骨子裡。所以妖女絕對不是表面文章，是需要功夫底子的。

好妖精的首要條件是會纏人。

妖精的代表人物是美女蛇。不一定要閉月羞花、沉魚落雁，但身段的修長、三圍的尺寸是不能太離譜的，關鍵是眼睛會傳情，丹鳳最佳，狐狸更妙，杏仁也可，死魚眼走開，至要是勾人，現代名詞叫作會放電。

情人眼裡出西施，第一眼有了感覺，再怎麼巨型的恐龍，也是青蛙王子心中無人可及的漂亮美眉。一見鍾情，一瞥驚魂，這些字眼都是為妖精們準備的。

再說高素質的人不是講求心靈美嗎？作為心靈窗戶的眼睛，當然責無旁貸。勾了之後還要黏住，就像下圍棋，眼看快沒路走了，黏一手，又活轉過來。男人是很容易喜新厭舊的，不會黏人的妖不是好妖。好妖千嬌百媚、變化無常，像一片大海，一輩子休想探知她的全部。

妖女個個神通廣大，再奢華的紛亂，她也會讓你把持住本心；再簡陋的生活，她也可以生出無限的花樣。一般都說巧婦難為無米之炊，好妖精們卻可以把白開水煮出咖啡的味道。

好妖精要柔，身子骨要柔軟，最好是柔若無骨、我見猶憐那

種；性格要溫柔，入得廳堂，下得廚房，即使要男人下廚房也是在哥們、姐們都不在的時候。

妖精要魅，魅是妖的本質，它千變萬化、點石成金，誘惑你的愛情，激發你的潛能。這種魅，沒有貪欲，建立在單純自然的基礎之上，唯其少了世俗的成分，更加令人心動和不捨。

話說回來，女人都是妖，或多或少都有些妖性。妖性越多俗性越少，越加可憐、可愛。

可見，功利的生活才是對妖性、對真情最大的傷害。如《紅樓夢》裡，林黛玉、李紈、尤三姐等都有些妖。寶釵阿姨就不像妖了，整日功名利祿、道德文章，不把你憋死才怪，這樣的女人只能做個好老婆，做不了男人的好情人。

最怕有些妹妹，才氣沒一點，脾氣一大堆，學野蠻女友，學不到體貼，做妖不成反做了魔鬼，沒有戀母情結或受虐傾向的男人，只能選擇閃之則吉，那就不好玩了。

女人和女人無間道

　　要一個女人開口讚美另一個女人，據說比登天還難。一個女人不開口批評另一個女人，已經表示她們是在友好相處。現成的例子是《神雕俠侶》中的一幕情節，黃蓉和「赤煉仙子」李莫愁狹路相逢。兩個江湖奇女子明明在心中彼此讚歎，卻偏偏不說出口。結果兩人短兵相接，鬥得難分難解。

　　通常說，女人之間產生友誼是比較難的，因為她們是那麼善於嫉妒和猜測。任何一個女人相對於另一個女人，都是「第三者」。女人和女人可以是朋友，也可能是「敵人」，但是，在成長的道路上，女人和女人本是親如一家的。

混亂，自男人出現後

　　在男人不出現的情況下，女人還是可以共同娛樂的，比如，喜歡吃川菜，喜歡看某個電視劇，喜歡穿哪一品牌的衣服，喜歡討論哪一種話題之類。反正都是些無關痛癢的小愛好。但若是在同一時間都愛上了生活中的某一位男子，這段友誼就沒幾天可存活了。

　　甜甜是個開朗直爽的女孩子，可能是因為受過感情的傷害，平時總是表現出對男人的「仇視」情結。小美可愛天真，始終像個長

不大的孩子，有時候會任性。紅紅是3人之中最成熟的一個，平時總像大姐姐一樣穩重，心機也最深。

　　3個人最大的愛好就是每天晚上泡酒吧，這也顯示3人最大的共同點就是沒有男朋友。3個女人總會在酒醉之後發誓，3人要同進退，直到都找到理想的對象，大家才一起結婚，如果不能達到這個標準，3個人就做單身女貴族。

　　John是總公司派到她們這個部門做總監的，上班時間，John是嚴謹又嚴厲的主管，工作時間以外，他又是個輕鬆幽默的中年鑽石單身漢。這樣的人物，自然讓整個部門女同事的心小鹿亂撞的。

　　甜甜表面上對John十分不屑，其實心裡喜歡的要命，但是又不能表現出對男人的喜愛之情，恐怕破壞了在眾人前一貫「男人婆」的形象。小美的喜歡全寫在臉上了，所有的同事都看出她對John的用意。而紅紅，最有心機的女孩子，卻是在似有似無的時機中，把握機會，在躲開眾人時對主管大獻殷勤。

　　可想而知，John選擇了小美，而小美則被另外兩個姐妹三振出局。甜甜和紅紅倒是又一次因為共同的「利益」走在了一起。可是，誰又曉得，她們的這種關係又能維持多久，只要下一個男人還沒出現，「姐妹情誼」就還能多存活一天。

第六章
有權利不用過期作廢

現在，妳還認為女人天生是弱者嗎？

如果你是男人，那你遲早會在弱女子面前冷不防摔個筋斗；

如果妳是女人，那妳就輸在起跑線上。

上帝是公平的，世界上最強大的武器是女人的眼淚。

有權利不用，過期作廢。

是女人就脫不了俗

兩個月前和某男吃飯，他請我，花了300元。我自認是一個有涵養的女人，絕不物質。和朋友交往，錢多錢少我都會按照禮數表達我的感謝，然而我點這些便宜的菜，並不代表我真的愛吃這些菜，也並不代表我平時只吃這類菜，只是表示我的善解人意和樸實而已。可是他至少應該點一兩道好菜來表示對我的尊重吧？

一個自信優秀的女人被定位在「300元」，那頓飯吃得我好像吃進一隻蒼蠅，事後怎麼想怎麼不舒服。就是這頓飯讓我掂出了這個男人的分量，也掂量出了女人的真性情：說到底，女人還是離不開物質的。

尤其是女人的愛情，從古至今，縱橫中外，無數大人物都曾經洋溢著一臉幸福，無比陶醉地告訴過我們：「愛情是純真且單純

的，摻不得半點雜質。」在愛情尚未來臨之前，在我做一名詩人的夢想尚未破滅之前，我也堅信這句話。後來，對愛情的渴望轉化成為對愛情的實踐，實踐是檢驗真理的唯一標準，才發現，原來愛情也是離不開物質的。

愛情本身只是神聖的一種感覺，沉積在心裡，和物質無關。但當愛情需要傳遞，當愛情需要表白，當愛情需要被接受的時候，愛情便不可以僅僅是愛情本身，必須依附在某種物質、某種載體之上，才能夠完成使命。不要一提到物質，就狹隘的只聯想到身體、貴不可及的鑽石、別墅。

我的一個朋友與他的女朋友分手了。他們已經兩情相悅同居了四年，每個人都以為他們就快要結為夫妻的時候，竟然來了個180度的大轉彎，說分就分了。我自然得去行使安慰對方的任務，儘管安慰的行使方與接納方都心知肚明，此時此刻這般的安慰，只不過是一件看起來不錯，其實沒有半點作用的擺設。

他說是和平分手，沒有吵，沒有鬧，她搬走了，除了一己之物，什麼都沒有帶走，存摺也還給他了，雙手遞過來的，並非想像中的扔在他的臉上——說得直接一點，我這個年紀一大把渴望婚姻的朋友被人家甩了。

曾以為，和平分手表面上很文明且體面，本質上是最麻煩的分手方法之一，因為被遺棄的一方一般都無法明白，這究竟是為什麼，於是就心存復合的幻想。

身為這個人的朋友，千萬別以為自己只需要裝出一副與當事人同樣垂頭喪氣的樣子，坐在他對面將一堆不知被多少人說了多少遍不中用的勸解廢話再說一遍就萬事大吉，看著當事人無助而哀求的目光，無論是誰，都只能挺起胸膛，遮掩住內心的不安表現信誓旦旦說：「我去勸她回心轉意。」我就去勸那個女孩子，責無旁貸。

「我知道他愛我，」女孩子沒有想像中的矜持，沒有想像中的難過，一切正常，彷彿沒有這回事情一樣，或者，她的確是感受到了四年來第一次的輕鬆，「良心告訴我他愛我，但是，我從來沒有感受過他對我的愛。」我茫然。

「他從來沒有送過花給我。」

「出差回來，他從來沒有給我帶回來一件衣服。」

「他從來沒有給過我一絲的驚喜。」

我趕忙為我的朋友辯解。是啊！他是一個不解風情的人，不懂浪漫，不會討女孩子喜歡。可是，他對妳是百分之百的，他不是把賺回來的每一分錢都交給妳了嗎？什麼花啊！衣服啊！自己買不就好了……

沒等我說完，她居然笑了：「一個男人給妻子一筆錢，跟她說，去買兩個戒指回來，我們好結婚。她會答應嗎？」我語塞。「我需要愛情，更需要他對我的愛證明給我看。」

「那多假啊！」我這句話說得明顯底氣不足。

「他真心愛我,又怎麼會假?!」

這就是我要給大家講的真實故事。在這個故事裡,我的遊說顯然根本起不了任何作用。後來,兩人分手後不到半年,那個女孩子又交了一個男朋友,收入沒有我的朋友多,但很會表達他的愛慕,女孩子過生日,他把他的跑車賣了,為她買了一枚大鑽戒,求婚成功了。

由於我跟這個女孩一直有聯繫,也就認識了她的新男友,男友跟我坦白,其實他父母答應在他結婚時送他一輛新車,舊跑車遲早都要賣,在那個時候用那種方法賣,才有意義。

「她感動得淚流滿面,老實說,我自己也挺感動的。」

而我的朋友,今年三十七了,鑽石王老五的頭銜越來越響,卻始終還是孤家寡人,還不時跟我嘮叨幾句:「我不是那種笨頭笨腦的人。面對愛情,能夠付出多少,因人而異,希望得到多少,也是因人而異。」我只想說,假如妳學不會以具體的物質方式來衡量愛情,走著瞧,失敗就在不遠處等著妳。

性別本身就是資源

　　無論是東方還是西方的社會文化中，「男強女弱」似乎是一個恆常的社會觀念。但是越來越多的跡象顯示，在許多領域中，女性只需稍微運用一下性別優勢，就能充分發揮自身的潛能並獲得驚人的成就。

　　洛杉磯加州大學科研人員在分析過去10年來男女比賽成績後，也大膽預測，到了21世紀中葉，在短距離賽跑中，女人可跑得和男人一樣快。如果說，在體育運動領域，男女兩性在體能上的部分差異可以透過訓練而逐漸消除的話，那麼在其他領域，女性如何發揮自身的優勢呢？

　　經濟領域，向來被認為是女性參與最廣泛，同時對女性的影響最直接的一個重要領域。由於社會給女性的發展提供了廣闊的空

間，因而女性的優勢和潛能似乎也發揮得更加充分。

在1991年美國新成立的企業中，到1995年，只有66.6％的企業存活下來，而由女老闆掌管的企業存活率卻達到了72.2％。根據美國中小企業管理局的調查，由女性為主的企業是美國經濟中增長最快的。

經濟領域是市場化程度最高、競爭最激烈的領域，女性何以躋身於其間，並以什麼樣的優勢獲得成功呢？

（一）從生理上看，女性的生命力比男性旺盛

儘管「男強女弱」已經成為一種較廣泛的社會認同，許多心理學家和生理學家卻用大量的科學事實證明女人並不脆弱，在某些方面甚至比男人更堅強。並因此提出了「女強人」的新觀點。無論從哪一個國家的統計資料看，都是女性的平均壽命長。

中國婦女平均壽命比男性高兩歲，西方國家婦女平均壽命比男性長3～7年。在法國，婦女平均壽命為74歲，男性68歲，俄羅斯婦女平均壽命比男性長13歲。在過去的130年裡，女人壽命淨增35歲，而男人的壽命淨增了30歲。

由於生理上的差別，女人具有男人無法比擬的忍耐力。這就是為什麼在面臨困難和挫折時，女性往往能夠吃苦耐勞，例如，當發生一些家庭變故或災難時，男人往往容易一蹶不振，失去了生活的信心；而女人往往能夠以驚人的毅力度過難關。

（二）情商高，溝通能力強

女性天生比男人敏感，具有細緻的觀察力。研究發現，女性在情感的表達和感知方面，往往比男性富於情感，直觀能力強，對事物的觀察力更為細緻、敏銳和準確，能感受到男性所不能感受的東西。專家們認為這是女性先天賦與的特性，其原因和女性的生理特點有關，一個很重要的原因是女性要哺育孩子，在孩子降臨人間一直到會說話的一年多時間內，母親靠什麼體察嬰兒的情感和需要呢？靠觀察。久而久之，就形成了女性獨特的性別優勢。

因此，一般認為，善解人意是女性的天性，女性能設身處地地感受別人的痛苦，迴避危險， 女性更注重人的自身，關注人的成長、人的交往和人的情感。女性更多的是透過言傳、身教感化周圍的人，我們看到無論是在解決矛盾、激發同事的工作、建立同級或上下級關係以及獎勵和處分等問題上，都證明了女性領導的做法更容易被理解和接受。在組織活動方面女性領導的效果也更好一些。

（三）女性管理中的優勢

無數歷史事實和科研的結果證明，女性在管理方面有著獨特的優勢。婦女既有強烈的事業心，又有不甘示弱的好勝心，希望自己的個性在領導活動中得到充分的體現，在事業的成就中得到進一步完善。美國佐治亞洲教育中心心理學博士門得爾松在經過大量調查後得出結論：女性擔任公司的經理不可缺少的素質是──精力旺

盛、敬業精神強、辦事果斷、有智慧、善於思考問題、勇於承擔風
險、待人接物講求分寸、為人隨和。

身為一個領導者來說，女性還具備許多男性無法比擬的優點，
並在管理中形成有別於男性的領導風格，例如，讚美之詞很難出自
男性之口，但女性卻能運用自如；男性往往以發號施令顯示自己的
權威，採取粗線條的管理，女性卻比較細膩，能夠更瞭解員工的心
理需求，體察他人的情感。當員工生病、出現家庭衝突以及思想波
動時，女性能夠及時捕捉這些資訊，並透過深入細緻並富有人情味
的工作方法使員工度過難關。因此，在女性領導的企業中往往人際
關係較為和諧，有利於形成民主的管理作風。

總而言之，女性領導風格的特點為「開放、信任、持續教育、
同情與理解」。女性領導者鼓勵參與，分享權力與情報，強化他人的
自我價值，促使他人樂於工作，在未來的知識經濟時代，這種人性
化的管理模式對於一個快速變化或成長的組織來說，將代表著一種
變革的潮流，而女性以其獨特的性別優勢與這種潮流自然地融為一
體，在推動女性自身發展過程的同時，也推動著社會發展的過程。

當然，不是所有女人都能認知到自己的優勢並把它們挖掘出來
充分利用，聰明女人和笨女人的區別往往就在這裡。

眼淚的威力

大文學家曹雪芹曾經說過，「女人是水做的骨肉。」古往今來，人們對女人有著各式各樣的比喻，都沒勝過「女人如水」這般恰當形象。

這就是武器！女人不美沒關係，女人不會哭就太不可愛了，女人是水做的，哪個男人不喜歡如水一般的女人呢？所以，女人哭吧！哭成梨花帶雨，用淚水讓男人投降。

女人為什麼哭！

有個小男孩問媽媽：「媽咪，您為什麼在哭呢？」

媽媽說：「我就是想哭。」

小男孩說：「我不懂。」

媽媽抱抱他，說：「是的，你永遠不會懂的。」

小男孩問爸爸：「為什麼媽咪會無緣無故的在哭呢？」

爸爸答的上來的只有：「所有的女人都會無緣無故的哭。」

小男孩長大成了男人，但還是想不通「女人為何而哭？」

最後他決定打電話問上帝，他直接在電話中問：「上帝，為什麼女人這麼會哭呢？」

上帝回答：「我所塑造女人，必須是非常特別的。我讓她的肩膀強韌得足以背負這個世界，但是又柔軟地可以給人撫慰；我讓她有內在的力量，可以承受分娩的痛苦及來自孩子們的排斥抗拒；我賜予她堅定的本質，在所有人都放棄時仍堅持著，並無怨無悔地照護她的家庭走過疾病及疲累；我賜予她敏銳的心，讓她不論在何種處境下，都會去愛她的孩子，即使孩子曾深深傷害過她；

我賜予她力量，帶領丈夫度過他犯的過錯，讓她扮演守護丈夫心靈的角色，一如肋骨保護心臟般；我給她智慧，讓她瞭解一個好丈夫是永遠不會傷害妻子的，但是偶爾又給她一點小小的試煉，看看她是否能夠堅定不移的與丈夫並肩而立。最後，我給了她眼淚，任何時刻可以自由運用的專屬權利。」

上帝說：「所以，我的孩子，女人的美麗不在於她穿的衣裳、外貌體態或是她梳頭髮的模樣；她的美麗是在她的眼睛裡，因為那是通往她心靈的入口——愛的棲息處。」

原來，哭是上帝賜與女人的專利。

如果一男一女發生衝突，那麼不問緣由，不分巨細，女方一哭就可獲取觀眾的同情、支持，足令男人手足無措。女人索取，一哭男人就給。女人求諒，一哭男人就軟。一個普通女人能否得到幸福，關鍵看她對於淚腺的控制程度。

眼淚不僅可以讓女人輕易控制男人，還可以讓她們遊樂職場。這裡就有一個眼淚蒙蔽老闆的真實故事：

快下班了，她取出新買的「淚滴妝」對鏡研究，給膠水一樣的假淚滴灑上藍色的閃粉，更顯得梨花帶雨、楚楚可憐，配她身上潔白的裙子，像一朵雨後荷花一樣素淨。

忙來忙去，居然自我欣賞得忘了按時下班，一看錶，居然8點鐘了，桌子上還鋪了一大堆文件。正在收拾之際，老闆從辦公室走出來──咦？這麼晚了，還有人加班？老闆走近一看，更嚇一跳，小美人哭得完美無瑕，白裙在空調的吹拂下飄飄蕩蕩，單薄欲飛哩。莫不是為爭那個出國名額暗自垂淚？還加班到這麼晚，真是忍辱負重的好員工啊！

她看到老闆居然也沒走，嚇得連忙擠出個慘澹的笑容──一個小職員，下班了不回家還在這裡裝神弄鬼，不知老闆看清她的「淚滴妝」沒有，連忙抹一把臉，假淚滴也不失時宜地在暗淡的燈光下閃了兩閃。

窗外燈火初上，街頭飄來那首極度煽情的「沒有星星的夜裡，我用淚光吸引妳」，年輕的小老闆春旌一蕩，往日情懷浮現眼前，是啊！初戀的瑪麗也曾經這樣倉促而美麗地站在咫尺之外，淚光盈盈、嬌喘微微，一副驚魂未定的樣子，勝似西子捧心，美若嬌花照水……別的女人哭在明處，是邀寵和矯情，而她的哭彷彿背地裡的委屈，更堪人愛憐。或者說，她的哭一波三折，索性是一種藝術。

　　一個月之後，小老闆和小職員並蠻出國；三個月之後，他們共偕連理。天底下，沒有比這個故事更能說明眼淚的厲害了。如果妳有更好的故事，不妨說給我聽，說不定，我也會感動得淚流滿面。

聞香識女人

中國著名的唐代大詩人李白有詩寫道：「美人在時花滿房，美人去後留空床。床上繡被卷不寢，至今三載有餘香。」在這首詩裡就把香與美人連在一起。

香氣自古就是女人虜獲男人的絕佳利器。從埃及艷后克利奧到唐朝美人楊貴妃，有魅力的女人無不散發著獨特的芬芳。香氣能改變性情，性情也能改變命運。從某種程度上說，香氣也可以作為一種強大的武器，善加利用，不僅能增加妳的魅力指數，還會為妳帶來異想不到的好運氣。

中國唐朝的第六代皇帝唐玄宗，於開元28年行幸溫泉宮，遇一美姬，香氣襲人，玄宗為之傾倒，占為己有，封為貴妃，此女就是楊玉環。被楊貴妃迷倒後特地為她修了一個浴池，裝滿香水，請她

入浴。楊貴妃有多汗症，出的汗可濕透香帕，玄宗覺得她的汗都是香的，還為她修了一座沉香亭，李白曾被召寫清平樂詩，詩中「一樹紅艷露凝香」，「沉香亭北倚欄杆」，都突出了一個香字。

而香妃是清朝高宗朝乾隆皇帝攻打西域，作為戰利品帶回台中的。香妃是新疆喀什人，因體有奇香，迷住了乾隆，被封為香妃，恩寵不衰，在宮中度過28個春秋。一個異族美女的體香，竟迷住了一個盛世明君，可見香氣具有巨大的魅力。

克莉奧派特拉是古代埃及美貌絕倫的女君主。她深知姿色僅能給人視覺上的美感，加上香氣，才能使人香透肺腑。姿色香氣兼備，才能成為國色天香的美人。這位埃及女王最愛使用的香料是麝貓香。她在世界上首創了香料化妝品製造業，在尼羅河畔修建了幾座製造生產高級化妝品的作坊。她還喜愛木樨花的香氣，叫人製成香水。她還用貴重香料薰自己的身體，使周身香氣撲鼻。她用麝貓香塗擦腋下和下身，增加性感魅力，迷住了羅馬英雄凱撒，與他相戀後結婚，把埃及香料輸入羅馬。她死後香布裹身，香氣不散，美貌女性，被後人稱為尼羅河的魔女。

英國女王伊莉莎白一世與法國拿破崙也都愛香如迷，羅馬皇帝也愛香成癖，愛香並非女人專利。

巧用香氣，不僅能使妳身心愉快，精神好，工作效率高，而且還能為妳的成功加分，不管在工作上、事業上、人脈上，還是愛情、家庭上。此等舉手之勞的利好，幹嘛不嘗試呢？

吾本好色

愛美之心，人皆有之，美色當前，誰不動心？

好色當然不是男人的專利，我們往往忽略女子「好色」，是因為女子相對於男子來說，往往處於被好的地位。其實，在人類歷史的長河中，既有皇帝女兒選駙馬的明證，也有高拋繡球選情郎的風情。再例如，男人們看足球往往是投入其中歇斯底里地捶胸頓足、嗷嗷大叫。而女人們多半是「偽球迷」，女人看球往往不看門道，只看球星，看巴喬的憂鬱，看馬爾蒂尼地中海藍的眼睛，看雷東多修長挺拔的身材，看貝克漢帥氣的臉龐……

其實，在母系社會，女人有權好男人之色，男人是無權好女人之色的。女人並以此作為向「同人」們炫耀的本錢。在古希臘，女貴族們沐浴是從不避諱男人們的，特別是男下人們。

然而社會發展至今，西風東漸，女子的地位已有了根本的轉變，女人是越來越開放、大膽起來了，不僅嫁雞隨雞已成為歷史名詞，就是以前男人們都羞於啟齒的「性高潮」也成為女性享有生活權利的象徵。

　　其實，好色的女人不一定就不是好女人，這就猶如好色的男人未必不是好男人一樣，都是七情六欲腺上荷爾蒙的緣故。在人類審美觀的驅使下，肯定沒有哪個女孩會渴望和武大郎一起數星星、看月亮。男人好女人的色，女人好男人的色，天性。

　　不過，女人好色比男人來得更有美感，更具有藝術性。

　　女子好色深得老莊「無為」的精髓，從不主動出擊，使女子好像處於被好的地位；又得到兵家的真諦，知彼男人好虛榮的弱點，知此「傾國傾城」可以克鋼的長處，採取欲擒故縱的戰略，制定了嬌、嗔、癡、呆的招數，既可避免「好色」之嫌，又使被好之男人手到擒來。所以，才有「女人征服一個男人就是征服了整個世界」這種滅男人威風的話。

　　「嬌」，是女人的天性，無嬌不是女人。凡女人均會使用這一戰法，凡好色之成功的女人，最擅長使用這一戰法，必定會使用這一戰法，無堅不摧，無往不勝。嬌是小鳥伊人，嬌是捕獲男人的迷魂劑。男人的虛榮心在「嬌」這一戰法面前會暴露得淋漓盡致，會使男人迷失本性，自以為贏得了芳心，實質上已落入溫柔陷阱裡。

「嗔」，是「嬌」的助手，一嬌之後必有一嗔。嗔是太極功，四兩可撥千斤，哪怕男人暴跳如雷，只要女人向你輕舒玉指，櫻桃小嘴裡飄出輕輕一嗔。此時雷霆之怒只能化為萬里晴空。再計較下去似乎就是男人的不對了。

「癡」，是女人們最得心應手的戰術。她們會在一個適當的時候、適當的地點，會一動也不動地癡情地望著你，癡情地聽著你的侃侃而談。其實，在這個時候，她們很有可能沒有聽進去你的一句話，很可能把你當成一個蹩腳的演員，當你在賣力地表演時，她心裡說不定偷偷地在笑。可是，她們顯得是那麼地癡情。每一個男人都會被這種癡情所迷惑、所感動，就會給對方加倍的癡情。

「呆」，這不是發呆，這是一種技巧，是欲擒故縱計策的完美體現。當女人把男人誘惑到尚有一定距離的時候，會驟然停止，與你若即若離，讓你丈二金剛摸不著頭腦的感覺，使你焦躁，使你心神不寧，使你迫不及待地追問她，想得到她「是否愛我」的明確答覆。這時你就會發現，她被你的問題嚇呆了，剎那間，她只會呆呆地望著天、望著地、望著遠方。雖然不說話，但你明顯地感覺得到：你的行為對她造成了傷害，她對你的真情受到了侮辱。於是，你會責怪自己的魯莽、自己的衝動，你會無比內疚地對她說「對不起」。其實，你的一切盡在她的掌握。

結語
做個愛情勢利眼

以這個題目結束本章肯定會有人罵的。因為愛情一向都是崇高甚至神聖的，被人歌頌了又歌頌，甚至那些愛情的殉道者以為自己真的是為愛情獻了身，其實她們獻身的也許只是一種虛無縹緲的信念。

前不久我和同學之間剛剛展開一場關於愛情和勢利的精彩辯論，雖然我有梁山伯、祝英台和羅密歐、茱麗葉的千古絕唱作為證據，可是還是被他好好教訓了。現歸納同學的理論如下：愛情是美，它為什麼美，就是沒人敢放棄功利之心去體驗，所以愛情一直被束之高閣，被放在遙不可及的夢中，所以它才美。

不信，讓梁山伯、祝英台結婚試試？七年之後，他還敢說想和這個女人殉情或者變老？我本來事先準備了一大堆的證據，可是上來就被他這個歷史假設給噎住了，愣是半天沒說話。這好像是迄今為止我最失敗的一次論辯了。

順著他的思路仔細想想，確實不錯，那些地位懸殊的人結婚時總是轟動一時，比如千萬富翁娶了灰姑娘，或者女博士愛上目不識丁的二愣子，被媒體炒得沸沸揚揚，可是之後大多因差異太大分了手。婚姻，說到底，還是勢利的。

在這一點上，胡蘭成也是勢利的，他知道如何利用張愛玲的名聲造勢，等到他花心與愛玲分了手，他流落日本過著苟延殘喘的日子，而張愛玲越老越紅，不由得讓他心生妒意來，便開始纏著張愛玲……這樣的愛情勢利眼除了讓我們為愛情難過，又能如何？

亦舒說：「當女人沒有愛情的時候，就需要用物質來填補。」其實，幹嘛非要在沒有愛情的時候才惦記物質呢？物質無罪，我的理想就是要做一個物質女人。別人問我的時候我也是這麼說的，我從來不覺得羞恥，因為我從來不覺得物質本身有什麼不好。

概括地說，物質可以令我生活的更好。而美好的生活是我這樣的女子所無法拒絕的誘惑。這就是我的主張，如果妳覺得正確，妳可以用來指導自己的行為，如果妳覺得荒唐，妳可以一笑置之。但是，這只是一種生活方式。

在一群如此貪婪地吞噬著女性們的溫情付出而不自知的男人們面前，唯一應該做的就是變得越勢利越好。

從前，我會看不起那些一定要嫁給有錢人的女孩，而現在，我覺得那是她們的自由吧！紅顏畢竟只有一次，憑什麼要與你一起還貸款把自己熬成黃臉婆？這樣講真是勢利，但的確，愛情就這麼勢利，不信，妳去看那些哭著、喊著鬧離婚的，有幾個不是愛情的勢利眼呢？

第七章
向母企鵝學習

不幸的女人有各自的不幸，幸福的女人卻是相似的，
比如那些笨笨的母企鵝，牠們大致都懷抱著相同的夢想，
在萬里冰封的極地世界裡「與狼共舞」，
譜寫著不朽的愛情神話。
在本章，我們將帶領大家走近企鵝家族，
像動物學習和男人一起守望幸福的原理。

走進企鵝家族

　　那天和朋友相約去看了這部片子——《帝企鵝日記》，很受感動。感動於企鵝間的相親相愛，感動於母企鵝的偉大和善於經營人生。這是一部記錄片，主要講述南極王企鵝繁衍後代的過程。

　　每年冬天即將來臨的時候，企鵝中體形最為龐大的一種帝皇企鵝拖著牠們笨重的身軀離開海洋世界，以輕巧的動作躍出海面，一會兒用那滿是脂肪的白肚皮滑行在冰面，一會兒用那有著堅硬外皮的腳爪一晃一晃地在冰面上行走。為了種族能得以繁衍，牠們每年都一如既往地向牠們的出生地——一個有著巨大冰山作為屏障，有著能歷經整個冬季都不會開裂溶化的冰層的地方前進。

　　當牠們歷經艱險來到出生地之後，牠們用牠們那特有的舞蹈和難以理解的嘶鳴，開始了牠們的求愛儀式。繁衍後代，應該是企鵝

們一生中最為艱辛的生活經歷了。成年企鵝一年中只有3個月的時間可以在大海裡自由自在地徜徉、覓食，剩下的9個月就是艱難困苦的孕育後代的漫長過程了。

到了繁殖季節，企鵝們會紛紛跳上岸來，成群結隊開始長途跋涉，通常牠們要日夜兼程行走7、8天才能到達目的地，然後再用半個月的時間尋覓配偶，等到母企鵝們生出蛋之後，就已是3個多月之後了。饑腸轆轆的母企鵝會把蛋轉給企鵝爸爸孵化，然後牠們再回到大海裡為自己和小企鵝覓食。

這時，氣候開始變為惡劣，為了應付不時來襲的暴風雪，為了取暖，企鵝爸爸們要擠在一起。雪暴過後，他們還必須經常兩腳托蛋（孵化時蛋要絕對保暖而不能掉到地上）蹣跚走動以求不被凍僵。企鵝爸爸是用了怎樣的愛心在孵育自己的寶寶啊！這時距牠們離開大海已經整整4個月了，而小企鵝也開始慢慢地出殼了。

聽著小企鵝餓得呱呱叫的聲音，企鵝爸爸只能無比憐惜地舔舔自己的寶寶，牠們自己也已經餓了4個多月了啊！為了堅持下去，企鵝爸爸開始吃冰和雪，並和小企鵝一起翹首企盼……終於，企鵝媽媽們回來了，牠們透過「暗號」找到自己的配偶，企鵝有特異功能，每對企鵝之間都有特殊的語言，牠們就透過聲音來識別自己的伴侶，企鵝爸爸小心翼翼地把小企鵝轉移到媽媽的腳上，這時哺育小企鵝的任務便落在媽媽身上了。

交接儀式完成之後，企鵝爸爸會再熟悉一下自己寶寶和配偶的

聲音，然後便拖著饑餓而疲憊的身軀，開始出征，返回大海為自己和小企鵝覓食……

如此幾番輪迴，小企鵝們終於慢慢長大了。牠們開始跟隨爸爸媽媽踏上返回大海的旅途。

9個月之後，企鵝們終於又回到了大海，但企鵝爸爸和企鵝媽媽們自此分道揚鑣。而小企鵝們也被無情地拋在岸上不予理睬。小企鵝們這時還不敢下水，雖然牠們自受精卵開始就接受了自然選擇的殘酷洗禮，但這次終於第一次沒有了爸爸媽媽的呵護，要開始獨立對付惡劣的環境和各種天敵了。

不知小企鵝面臨將要到來的生存挑戰，是要怪罪爸爸媽媽的殘酷呢？還是該感激牠們的智慧？

又過了4個月，倖存的小企鵝終於也投入了大海的懷抱。再經過4年，牠們將開始和爸爸媽媽同樣的生活歷程。於是，在這片冰雪無瑕的極地世界裡，企鵝們繼續著牠們愛的長征，年復一年、無窮無盡……原來，嚴酷的環境下，愛竟然可以被詮釋得如此豐滿！

母企鵝的女人味

　　原以為胖胖的企鵝們終日在南極搖擺著身軀無所事事，誰想到這對於牠們其實是一場艱難的跋涉，那笨拙的身軀下蘊藏著的是執著。但那執著卻絲毫不影響牠的女人氣息。綜觀母企鵝的一生，都在柔情與責任的雙重作用下曼妙地舞動。

　　和女人一樣，母企鵝對於愛情，個個都很執著。每年春季，企鵝們便辛苦地趕往寒冷的地方赴這場浪漫的約會。牠們順應潮流崇尚女追男，母企鵝常常爭風吃醋，追逐、表白、爭鬥，直至獨佔心愛的牠，與之在潔白無瑕的天地間舉行婚禮。

　　但這執著又不僅僅局限於愛情，對於整個的生命，母企鵝都是執著的。媽媽產下蛋後要去海裡覓食，需要把寶寶從自己的懷裡移交給爸爸。看著企鵝夫婦面對面配合著步伐移動著身體跳著愛之舞

曲，真的為之感動。

現實生活中有很多的女人已經沒有女人味了。

每每看電視劇，總會有個雷同的庸俗情節，四十歲左右功成名就、錢包鼓鼓的成功男士身邊總是圍繞著眾多的女性，現任妻子兇悍世俗，初戀情人樸素得近乎木訥，女員工則機巧得讓人生厭，還有個涉世未深的少女做出一副天真無邪的「豆蔻年華」狀。

可是做女人一定要有女人味，女人味是女人的魅力所在。女人沒有女人味，就像鮮花失去香味，明月失去清輝。女人有味，三分漂亮可增加到七分；女人無味，七分漂亮便降至三分。女人味讓女人嚮往，令男人沉醉。男人無不例外地喜歡有女人味的女人；女人用來征服男人的，不是美麗，而是她的女人味。

女人味是女人的神韻，就像名貴的菜，本身都沒有味道，靠的是調味，女人味如火之有焰，燈之有光。女人味是一樽美酒，歷久彌香，抿口便醉。

那麼，身為女人，該怎樣像母企鵝那樣守住女人味呢？

有調查顯示，大多數男人表示女人味的一個突出表現就溫柔。女人最能打動人的就是溫柔，像一隻纖纖玉手，知冷知熱，知輕知重，只輕輕一撫摸，受傷的心靈就癒合了，溫柔是女人特有的武器，儘管男人也有溫柔的一面，但這不同於女人的溫柔。

溫柔有時是說不清，道不盡的，難以用文字描述其神韻，但是

溫柔是人人都能感覺到的。一個女人站在面前，說上幾句話，甚至不用說話，我們就能感覺出這個女人是溫柔還是不溫柔。

溫柔裡面包含著一種深刻的東西，這就是愛。這種愛之所以深刻，是因為不是生硬地表現出來的，而是生命本體的一種自然散發，這絕不是矯揉造作，故作姿態，是真性情，是本質裡生長的精華。善良也是女人味的應有之義，一個不善良的女人，就算她有傾國傾城之貌，再加上很多的優點和特長，也不能算是優秀、可愛的女人。

也許是一張眉清目秀的臉，也許是與友人聞著午茶的甜香娓娓細語，女人也許是在嫩綠的草地上，斜倚一把碎花陽傘，癡癡地守望著一個漸行漸遠的身影，女人也許是在春風滿園、豔陽無邊的季節裡，擦肩而過時令人留戀的眼神和背影……古往今來，芸芸眾女，總有女人的風光無限，惹目搶眼。

聰明的女人要懂得剛柔並濟，就像母企鵝那樣，在柔美與剛強之間和諧地舞蹈，我要我的愛情，我要我的女人味，不是嗎？

母企鵝的自我肯定

　　母企鵝的另一個精彩就是牠的獨立精神，母親的餵養使小企鵝很快長大，牠們好奇地用爪子觸碰著冰冷的大地又縮回來，仍貪戀著母親的體溫。到小企鵝可以到處走動，母親會再次離開覓食，因為不久父親會回來用聲音和牠們相認。

　　這樣，父母交替覓食和哺育孩子，腆著白色肚子是吃飽的樣子，毛色發黑便是餓了，小企鵝則是灰色的，永遠活潑好動，饑腸轆轆。當母親再次回來，夫妻終於團聚，一家三口共享天倫。

　　可是過完這段幸福時光，夫妻就要道別，各自回到大海，而小企鵝們也開始了牠們的游泳課程。請問，這樣的結局，世間有幾個女子能承受，這可是真正的生離死別、妻離子散啊！別說女人，男人有幾個能做到如此決絕？

看到這麼多為愛情死去活來的人，有時候會覺得他們很傻，真為他們感到不值得，為了愛情他們錯過了太多，其實生活中還有很多比愛情更值得我們去珍惜的東西，比如親情、夢想、責任……在這些事情中總能找到比愛情更美好的感動。

　　而愛情總讓人覺得很不真實，尤其在這個物欲橫流的世界，大多數人並不是因為相愛而在一起。所以女人應該學會獨立，不依靠男人，這樣在離開時才會更灑脫，很多人的愛情都是因為寂寞，其實填充寂寞的方法很多，犯不著非得去碰那帶刺的玫瑰。我很不明白那些為了愛情什麼都做得出來的人，人生在世短短幾十年又有什麼放不下的呢？

　　一切看透了就好，有首歌寫的是「誰說的人非要快樂不可，好像快樂由得你選擇。」快樂當然由得妳選擇。無論什麼，心態很重要，心態平和了人生也就不會有什麼遺憾。至少我是這樣想的，所以我很滿意自己的人生，不管好的、壞的都坦然接受，當作是一種經歷，回味也是一種快樂。

　　人生是一個旅行，人生是一場戲，人生還是什麼，自己想想吧！無論人生是什麼，好好享受路邊的風景才是主打歌，不用怨天尤人，快樂是自己的，怎麼想也是自己的。愛情只是如此豐富的人生的一個過程，它不等於全世界！！

　　愛情走了，生命之路還在延伸。

母企鵝的分享意識

在婚姻過程中，懂得分享很重要。人與人之間的感情必須有所維繫，才能長久。否則便成了無源之水。男女之間更是如此，日久既可以生情也可以生膩。

但是有了相同的夢想就不同了。比如在企鵝家族，母企鵝和丈夫從相愛的那一刻就懷著相同的夢想——繁衍後代，繁衍後代是企鵝們最重要的事情了。正是為了這個相同的目的，企鵝爸爸和媽媽才會在一起。

相戀後不久，企鵝媽媽們終於生下了牠們愛情的結晶，一對夫婦只能生一個企鵝蛋，那是無比珍貴的一個蛋啊！那是牠們唯一的希望。媽媽們小心翼翼地將蛋交給企鵝爸爸們，爸爸們用雙腳頂著牠們的寶貝捂在自己的肚子下，用自己的體溫來孵化牠們的孩子。

這時媽媽已經精疲力盡了，牠們要馬不停蹄地返回海洋世界來補充自己體內缺失的熱量，還要為了即將出世的孩子儲備糧食。

經過兩個月後，爸爸們終於將可愛的企鵝寶寶孵化出來了，如果這個時候媽媽還趕不回來的話，企鵝爸爸們為了保全自己的性命就會扔下剛剛出世的寶寶們趕回海洋，牠們都已經兩個月不吃不喝了呀！也許是牠們的愛情真的驚動了天地，自然規律也在暗中保護著企鵝夫婦之間的共同夢想，這個時候媽媽們大多都能趕回來餵養自己的寶寶，換爸爸們去補充食物——除了那些在返回的時候掉隊的或在海洋世界裡被兇殘的海豹捕捉去的。

當小寶寶們慢慢長大後，還要面對暴風雪的襲擊和海燕的虎視眈眈。一個冬季，企鵝們就日夜奔走於寒冷的南極，直到一個個的企鵝寶寶融入到悠閒自在的海洋世界。

這就是企鵝夫婦的平淡生活，沒有太多的甜言蜜語，沒有那麼多的坎坎坷坷，也就沒有了人類的自尋煩惱和作繭自縛。但牠們活得比人類充實。簡單才能快樂，正是一個簡單亙古的夢想維繫了企鵝爸爸和媽媽的婚姻。

小故事大道理，真的是這樣。在這方面，我們的確應該向企鵝學習，學著把分享意識灌輸到和另一半共度的每一天。最重要的是分享他的事業。丈夫的事業與家庭的未來息息相關，因此妳必須去關注他的事業，因為與他朝夕相處的妳是最瞭解他的人，妳有這個條件成為他事業上的助手，協助他來共同規畫他的事業。

要想協助他規畫未來，妳得先去瞭解他的事業，也許妳並不能完全明白他做的事情，那就盡妳所能去多瞭解一些，因為妳瞭解的越多也就有越多的發言權。或者妳也可以只是在宏觀上談談自己的見解，也許這也會對他產生啟發。

下面這個故事可以帶給妳一些啟發。小喬和戀人結婚後，丈夫告訴小喬他想繼續深造求學，他對自己未來的規畫是想當一個教授，而不僅僅是當一個中學物理教師。

小喬對丈夫的決定非常支持，因為小喬深信他是適合進行學術研究的，在不久的將來他會在研究領域取得不俗的成就。於是，小喬開始收集各校資料，協助丈夫規畫求學步驟。後來，他果然考取了研究所，離開家鄉去攻讀電信科系的碩士學位。在丈夫求學的幾年時間裡，小喬任勞任怨，操持家庭生活，並不斷給予他精神鼓勵，使他安心於他的學業。

後來丈夫又繼續攻讀博士學位，三年後博士畢業，並因為科研成績突出而留在當地，並順利地當上了副教授。之後，丈夫又被選派到南極科考，成為南極科考的越冬隊員，在南極的冰雪裡度過了三個年頭，圓滿地完成了科考任務，載譽歸來。

事業上的成功改變了小喬的家庭生活，當然，後來小喬也因為丈夫的選擇而發生過一點小磨擦。他曾經一度受到從商熱潮的影響，想在商場上打拼一番，但小喬分析了他的個性與專長後，堅決表示反對。

丈夫一開始不太理解，甚至因此而與小喬發生了一些小衝突，小喬耐下心來勸解他，並幫助他分析他的優勢與劣勢。小喬深信他能夠在科研領域裡獲得卓越的成就，但是他的性格決定了他並不適合從事商業活動，那會使他耗費很多時間卻難以收到滿意的效果。

　　在小喬不懈的勸慰下，丈夫終於打消了這個念頭，更加專注於學術研究，後來，他還成為南極科考隊中的一員，而現在他已經成為某一重點科研專案的負責人。

　　現在，很多和小喬年齡差不多大的女友為了拴住老公，不惜一切代價給自己的婚姻上把鎖，她們購買了許許多多的書籍，參加了各種培訓班，不放過任何一次機會，但是這些貌似有用的資訊都是騙人的把戲，要從根本上解決問題，還是要找到共同的夢想，然後團結奮鬥。

　　現在的小喬仍然一如既往支持他、關注他的事業，並願意奉獻智慧，幫助他取得更大的成功。當然了，老公非常愛她。所以，與其煞費苦心地佈局給老公設計「圈圈」，不如踏踏實實坐下來為他做件實實在在的事情，瞭解他、關心他。

　　像母企鵝那樣，一起分享他的夢想。

企鵝爸爸孵蛋的啓示

這真是一種好奇怪的現象，企鵝家族竟然是男人生孩子，一直以來，坐月子可是女人逃不掉的苦差事，可是在企鵝家族裡卻是另一番光景，不知道各位女同胞看了有什麼反應。我的第一反應就是換位思考，家庭裡的換位思考。

女人要懂得男女不同。由於男性思維和行動的專一性，使他善於有目的地制訂計畫，並按照計畫去實現目標。

由於女性思維和行動的多向性，使她善於感應和配合，當女性愛上一個人時，她會自然地向對方表示關心和支持。很多女性認為愛是不需要提出的，如果你愛我，你就應該知道我需要什麼，然而這並不適合男性。由於男女思維方式的不同，做妻子的要認知到，即便丈夫愛妳，很多時候妳也需要明確地告訴他妳需要什麼，否則

他有可能真的不知道。

蘇珊的丈夫是個獨子，有位勤儉持家的母親和三位溫良恭讓的姐姐，於是他從小就養成了不做家事的習慣，再加上他天生一身懶骨頭，早晨起床要人幫他準備好衣服，晚上睡覺得為他鋪好被褥，至於洗衣、做飯之類的瑣碎事，在他的心目中，更是老婆的天職。

更令人生氣的是，如果他天性如此，但卻能夠心懷感激也就罷了，但他卻相當挑剔，老是拿蘇珊和他的母親和姐姐相比，氣得蘇珊經常在我們這些姐妹面前一把鼻涕一把眼淚地抱怨：「就算天塌下來，他也不會管的。像我這樣一個勤快的女子，怎麼會嫁給這樣一個懶惰又挑剔的老公！」

後來，蘇珊的一位從事心理分析的朋友向她建議：讓懶老公當一陣子「家庭主夫」，雖然天生的性格無法更改，但後天的訓練卻可以化腐朽為神奇。蘇珊依計行事，她藉口回娘家看老媽，必須離開一陣子。臨走前，她為丈夫和孩子在冰箱裡準備了蔬菜和食物，還買了許多乾糧，以備不時之需。

「我大約離開十天。你看需要多少錢？」蘇珊問丈夫。由於天性疏懶，平時家裡的財政全由蘇珊掌管，於是丈夫隨口說：「三千塊就夠了。」蘇珊心中暗笑，但她還是一本正經地掏出了三千塊，交給愣頭愣腦、一點也沒有金錢觀念的老公。蘇珊回娘家之後，丈夫便代理了她的職務，原本以為這是一個再輕鬆不過的差事，誰知第一天就遇到了麻煩。

　　平時他經常挑剔妻子做飯不好吃，結果自己做出來的東西孩子根本不吃。到了第三天，他一進廚房就想吐。到了第七天，菜吃光了，錢也花完了。面對孤苦無依、殫精竭慮的處境，蘇珊的老公終於知道了老婆平日的辛苦，不好意思回家向媽媽、姐姐搬救兵，只好打電話向丈母娘求援，希望蘇珊儘快回家。

　　在體驗了「家庭主夫」諸多難處之後，百般挑剔的「大男人」再也不敢吹毛求疵，反而積極、主動地幫忙。

　　雖然他笨手笨腳，但蘇珊已經很滿足了。

　　在有些國家，為了讓丈夫體驗妻子十月懷胎的艱苦，醫院會按照胎兒逐月成長的重量，在丈夫的肚子上綁上沙包。據說許多男子都叫苦連天，從此在公車上一定讓座給孕婦。

　　夫妻之間互相體驗一下彼此的生活，才能瞭解彼此的辛苦。站在女人的角度，不妨讓那個「壞孩子」下廚房，去超市購物，做些類似的家務事，讓他體驗一下妳的生活，否則他還真覺得妳是吃閒飯的呢！

第八章
駕馭丈夫的蘭花指

愛情和婚姻絕不是一回事，和男人談戀愛，

有真誠就夠了，一旦和他步入婚姻的紅地毯，

就需要妳費腦子經營了。

居家過日子，唯有做隻狡猾的狐狸，

日子才會好過些。

哈佛商學院的婚姻MBA

以前有個哥兒們非常不滿我財迷心竅的樣子，說女人有錢沒有用的，和幸福無關。我當時狠狠地教訓了他一頓：「有錢能讓我買到漂亮的衣裳，能讓我嘗盡天下美食，能讓我把地球踩在腳下，能讓我住進喜歡的房子，怎麼能說女人有錢和幸福無關呢？」

可是現在我服了這位仁兄。女人的幸福確實和好多東西是不成正比的，婚姻是女人的第二次生命，這簡直太具體了。對婚姻負責就是對自己的幸福負責。

如今出色的男人是那樣的少，而優秀的女人是那樣的多，對於單身女性來說，要把自己成功地嫁出去，就像一個商人把自己的產品成功地推銷出去一樣，必須使用一套行之有效的策略，這就是本文所說的M戰略計畫。

剛剛從哈佛商學院獲得MBA學位的好友艾倫回國內探親，自然免不了同學聚會，看到美女惠子仍然待字閨中，不由得驚呼：「天哪！妳怎麼還沒有把自己嫁出去？」

惠子狠狠地白了她一眼，悲哀地大叫：「妳以為這是賣商品嗎？我是在尋找生命中的Mr. Right！如今好男人這麼稀缺，能夠在35歲之前找個如意郎君就已經謝天謝地了。」

艾倫故作神秘地一笑，告訴我們說，在哈佛商學院，正流行一種M計畫，所謂的MARRIAGE計畫，就是一個很聰明的美國校友，把哈佛商學院中所學到的商業行銷策略，運用到了婚姻領域，結果她把自己當作「產品」成功地推銷給了期望中的老公。

看著艾倫胸有成竹的樣子，眾姐妹個個都像認真聽課的小學生一樣，把艾倫的每一句話都銘記在心。

塑造最佳形象，進行「品牌推廣」

在哈佛商學院的行銷理論中，「產品」的包裝是至關重要的。假定所有的競爭產品都放在貨架上，妳的包裝必須突出，而且有足夠的吸引力促成第一眼購買。同理，找對象相親，打造自己的最佳形象至關重要。

在艾倫的「逼迫」下，惠子和前男友進行了一次約會，問他為什麼才交往三個月就移情別戀。揭別人的傷疤是一件很不仁道的事情，可是艾倫說，妳必須瞭解殘酷的事實真相，以發現到底是「產

品」的哪方面出了問題。

在艾倫的建議下，惠子欣然前往。前男友遲疑了一下，隨即脫口而出：「不怕得罪妳，像妳這樣將自己包裹得嚴嚴實實的，不要說我，就是色狼，恐怕也沒有那個欲望……」惠子拼命遏制住了想撲過去賞這個可惡的傢伙兩巴掌的想法，發誓一定要在三天之內讓包括前男友在內的所有男人刮目相看。

在艾倫的指導下，惠子將數幾十年不變的直髮燙成了微捲的長髮，像瀑布一樣披至腰際，所有寬鬆的T恤、超大的外套統統淘汰，保留了那些有女人味的衣服。惠子穿上黑色金絲絨的旗袍裙，配上透亮性感的項鏈，胸部的完美弧度恰到好處地展示出來，精細的妝容讓略顯平淡的五官看起來很有味道，惠子淺淺地笑，款款地在衣鏡前來回走動。

為了真實地展現自己，惠子找了兩個男人、兩個女人進行諮詢，從體格狀況到個性特點到愛好特長等等，列出了一個長長的清單：嬌小、率直、聰明、樂於助人、敏感、三分鐘熱情、小康、博覽群書、游泳愛好者……當惠子把「性感、熱愛冒險、率直」的自己放到艾倫面前時，艾倫哈哈大笑，說：「親愛的，妳這個品牌給男人的直覺就是，這是一個可以發生一夜情而不用負責任的最適合人選。」惠子頓時面紅耳赤。

在艾倫的參謀下，惠子最終選擇了「率真、博學、國際化」作為自己的品牌。

如果把男人比作車子的話，惠子就不會想開一輛安全、保守的VOLVO，不想太張揚的紅色法拉利，也不想要運動型的敞篷車。惠子一直傾慕的是凱迪拉克大氣的外觀、卓越的動力、寬敞的空間和豪華的配置，即那種外表俊朗、心胸開闊、有開創性和挑戰精神的精英男人。

　　那麼，怎麼才能將惠子這個品牌資訊有效地傳達到「凱迪拉克」型男人那裡呢？

　　這就面臨著品牌推廣問題。當然，不可能像挨家挨戶地敲門發傳單一樣。艾倫建議，首先，要確定十個交際廣泛、最有可能把惠子介紹給「凱迪拉克」型男人的朋友、同事以及朋友的朋友、同事等。艾倫說：「在激烈的商海戰役中，僅僅使用一種策略是無法取勝的。」於是，惠子們又開始了第二種策略──遊擊推銷。

　　如果妳在一個社區住了6年，每天都是乘坐同樣的交通工具、沿著同一路線上下班，到同一家餐廳吃中餐，週末永遠都是那幾個固定的朋友……這意味著，「凱迪拉克」型男人不在妳的辦公室、住宅區、附近的西餐廳或者固定的朋友圈子裡。那麼，當務之急就是改變封閉的生活圈子，重新組合舊習慣，增加和白馬王子「偶然相遇」的機率。

　　惠子下班之後不再急匆匆地往家裡趕，而是報名參加了一個瑜伽班，也不再只和固定的朋友去做SPA，而是每次盡可能和不同的同事結伴。每逢休假，惠子不再和要好的朋友去海邊度假，而是報

名參加旅行社，或者是參加網上自助遊。

「行銷晚會」拐角處的驚喜

M計畫進行至此，惠子已經接到十幾個「目標顧客」的電話，但是老天好像故意為難惠子似的，期待已久的「真命天子」始終沒有出現。

愛情顧問艾倫說：「M計畫的下一步就是進行市場行銷推廣，即鎖定目標市場，精心策畫或者參加一些交友聚會，以建立更多的網路關係。」

經過大力推銷，不久，惠子竟然接到了社交名媛秦蘭的邀請函，邀請惠子參加她本人舉辦的一個小型私人聚會。優雅高尚的社交圈子，輕鬆舒適的談話氣氛，讓惠子如魚得水。雖然沒有找到生命中的另一半，但是惠子卻結識了幾個談吐有趣、交際廣泛的女性朋友，包括一個最有名的交友俱樂部的女老闆茉莉。

茉莉的交友俱樂部的入會條件是：單身，受過高等教育，有正當職業和穩定收入。這正是「凱迪拉克」型男人出沒的地方。交友俱樂部每月都會舉辦一次活動。惠子不顧價格昂貴，興趣盎然地參加了這些活動。

M計畫實施的第十週，惠子突然接到茉莉的電話，她以少有的興奮口氣對惠子說：「美女，我們的資料庫裡剛剛新添一位男士，正是妳所尋找的『凱迪拉克』型男人，成熟、大氣、穩重、有事業

心，保證妳一見鍾情。」久經挫敗的惠子，對茉莉的描述沒有太多的興奮。不過三百六十拜都拜了，也不差這一鞠躬了，去吧！

晚會舉辦的那個晚上，惠子身著冰藍色的晚裝，戴了兩個細長的鑽石耳環，帶著撩撥人心的風韻去了。環顧晚會現場，惠子並沒有發現那個讓惠子一見鍾情的男士。正當惠子失望地轉身去欣賞牆上的南非風情藝術裝飾時，奇蹟出現了！

「請問小姐對這種南非風格的裝飾感興趣嗎？」突然，一個非常有魅力的男音在惠子耳邊響起。惠子回過頭來，眼前的這位男士，穿著質地精良的牛仔褲，有著俊朗陽光的笑容，惠子一下子就被打動了。

看得出來，這位男士也被惠子的「率真、博學、國際化」的個人魅力所吸引，他的眼睛明亮而溫和，臉上閃過幾絲不易察覺的激動。惠子抑制不住臉上的笑容，偷偷地撥通了艾倫的電話：「艾倫，M計畫成功了！惠子的『凱迪拉克』型男人找到了!」

半年後，惠子舉行了難忘的婚禮。至今為止，那位男士都是惠子一生中遇見的最有魅力的男人。想和惠子一樣尋找「金領」老公嗎？仔細研習一下惠子們的哈佛課堂吧！

看我七十二變

　　人們都說女人善變，比如一會兒笑容可掬，一會兒卻烏雲滿布；戀愛時溫柔體貼，結婚後河東獅吼。男人往往只知責怪女人的善變，孰不知女人的善變恰恰是被男人逼出來的。

　　男人喜歡獵奇，一成不變的生活，一成不變的妳，男人受不了幾天，就會興趣全無。一般說來，男人是永遠欣賞百變的女人的，即使是女人看女人亦是如此。有很多女性在生活中之所以讓人覺得索然無味，就是因為缺乏變化。

　　我有個朋友是某報刊生活欄目的小編，上週末她一大早就歡天喜地地跑到我家來，說是和我討論各種情感問題，說實話，這類的話題早就刺激不到我了，所有的愛情故事都差不多，可是她說要跟我討論一下「審美倦怠的經典案例」，我一下子就來了精神，自小就

愛聽故事，還有點偷窺的小毛病，文雅一點說就是好奇心重，對真人真事尤為感興趣。

為了滿足我的偷窺心理，小編把聽到的故事一五一十地告訴了我。原來，一位結婚沒多久的姐姐向她求助，這姐姐才結婚不到半年，年輕貌美，可是夫妻之間對婚姻生活都已產生了一種厭倦心理，害怕繼續下去會危及婚姻，誠惶誠恐地請教如何走出厭倦婚姻生活的心理怪圈。

這樣的問題，找我分析算是找對了。婚後夫妻產生厭倦心理，也正是如此。任何一成不變的事物，時間久了，都會使人對它的感覺變得遲鈍。要想走出厭倦婚姻生活的怪圈，需要在生活中不斷注入新東西，讓平靜的生活時時泛起令人驚豔的浪花。

一位外國作家曾經說過：「男人談戀愛是用眼睛，女人談戀愛是用耳朵。」言外之意，男人更著重於女方的容顏、姿態，而女人則常常傾心於男人的言談示愛，所謂「三分體貼話，就能醉半月」。

因此，女性不妨在修飾上多下功夫，男性則應多點幽默，經常澆灌一些甜蜜的「廢話」，這樣就能使愛情在婚姻中保鮮。古人云：「女人如水。」如水的女人有著最廣博的胸懷。給她最高的炙熱，她便會寧願將身軀變成氣態，游離在你的身邊。給她一份冰冷，她便將自己隱身成冰，冰凍自己的心懷，只待你給她合適的溫度，她便會立刻還你一份汩汩湧動的如水情懷。所以說女人善變，那是因為她的柔情如水，隨時用她早已準備好的姿態迎接濤驚浪駭。

　　做個善變的女人，或有變幻莫測的心境，或有捉摸不定的性格，也許現在她靜若處子的在彈琴，一會兒又繁忙的敲擊鍵盤渲洩紛亂的心緒；也許她今天溫柔的靜靜等你歸來，明天又說厭倦了等待的淒涼，讓你想找也找不到淺淺欲醉的她。這樣的女人，男人怎麼能拒絕？

　　所以，女人一定要學會善變，善變是對付男人的必用招術，必須好好掌握，隨時備用。不要拒絕變化，誰說一條洗得發白了的牛仔褲只能配T恤？套上蕾絲嫵媚一下又何妨呢？善變並沒有什麼壞處，關鍵是看妳怎麼變。

　　結婚以後，妳成了他的妻子，但妳可以試著變換不同的角色，以不同的姿態出現在他面前。有時要做女兒，跟他撒嬌，讓他哄，讓他疼，給他一個父親的尊嚴。有時要做妹妹，纏著他，要他保護，要他安慰，給他一個大哥哥的豪俠。有時要做一個情人，給他一個甜蜜的吻，讓他享受一次無拘無束的約會，得到令他心跳的驚喜。有時要做母親，輕輕地呵護，妥善地照顧，愛他的優點，寬容他的缺點，給他一個孩子的自由。

　　當然，善變也是有學問的。莎士比亞說過：「一個使性子的女人，就像一池受到攪拌的泉水，混濁可憎，失去美麗。無論怎麼喉乾唇渴的人，也不願啜飲一口。」所以再怎麼變，也不要做混濁的泉水，而要做流淌的清泉。做女人，清純才是永久的底色。

學會放風箏

最近老公被派往外地擔任分公司發行總監，閨中好友私下告訴我，說老公現在仕途順利正春風得意，走出去有型有款，最容易招蜂引蝶，桃色陷阱更是防不勝防，所以一定要把老公盯緊一點，不然我們就跟過去，或者把他叫回來。

我笑了笑，說不。朋友的好意我心領了，但是我絕不會採取那樣的行動。因為我懂得，男人就像風箏一樣，拉得太鬆會飛走，拉得太緊又容易扯斷；所以，我應該像放風箏，學會忽鬆忽緊地抓住男人，收放自如。

男人與女人的關係，其實就是箏與線的關係。放風箏要講究風與箏的協調性。風大了，鬆鬆線；風小了，拉拉箏。正所謂有多大風，放多遠箏。有多粗線，放多大箏。風大了，線拉太緊，箏就斷

掉飛走了；而風小，忘記了牽箏，箏又會落到地上，前功盡棄！

一個好的放風箏高手，是懂得如何利用手裡的這根線，來牽制好箏的！箏在外面飛得再高再遠，心裡不會害怕，因為它在地面上有根，不是沒人要的孩子；箏在外面飛再高再遠，線不曾牽掛，因為在她手裡有線，柔韌而強悍，懂得怎樣小心翼翼地來把箏拉回到自己的身邊。

同樣的道理，好的婚姻除了好的感情基礎之外，還要雙方不斷用心去經營。同時，還要抵抗得住來自外界的種種誘惑！累了，倦了，無助了，乏味了，不是丟棄，而是經營！經營自己，適應對方；經營婚姻，適應發展。

這種經營不是委曲求全，恰恰是適者生存的大智慧！讓婚姻在經營中成長，讓彼此在經營中磨礪，給婚姻營造出一派浪漫唯美的濃郁氣氛，營造出一片相親相愛的自在天堂！就拿我家來說吧！老公是南方人，到了外地自然吃不慣北方菜系，剛去的那幾天，一日三餐必打電話過來說：「老婆，思念妳做的飯啊！每次肚子餓都會想起妳。」

嘿嘿，看來小女子我已經抓住老公的胃了，不禁內心竊喜。同時也深深理解老公人在職場身不由己的悲哀。上週老公大老遠地飛回來了，決定發揮廚藝犒勞老公一番。週六的早晨醒來，看老公還在酣睡中，於是躡手躡腳起床，到菜市場買了老公愛吃的菜。興沖沖正要進屋，老公提著公事包從裡面出來，一臉歉意：「突然有點

事，出去一下，中午趕回來吃飯！」我一下像洩氣的皮球，無精打采。不過聽說他會趕回來吃飯，又有了精神，連忙掩飾自己的失落，對他笑了笑，囑咐辦完事情早點回家。

整個上午，我都泡在廚房，摘揀洗切、油炸烹炒，大顯身手。十一時整，一桌色香味俱全的菜擺滿了桌子，我還刻意放上兩個高腳杯，擺上一瓶香檳，打開CD，讓輕緩柔和的音樂在屋子裡流淌。大功告成，萬事具備，只欠老公這東風了。

我一個人癡情地坐在沙發上愣愣地等到十一點半，才接到老公說不能回家吃飯的電話。一場精心準備、認真製作的午餐，原來是白費心思！我的心一下如同掉進冰窖，那個氣真恨不得把滿桌的飯菜掀掉。

老公回到家裡，已經是下午四點鐘了，我生氣不理他，平原縱馬，易放難收的道理我是懂的，可是不能過分放縱。應該讓這個傢伙明白，家並不是旅館，想進就進，想出就出；屬於我的時間就要陪我。

誰知道，我把該說的說了，該鬧的鬧了，他卻像沒事似的，一屁股坐到我旁邊，一本正經說：「我以人格向老婆大人發誓，上午出門確實是因為公事。」我得理不饒人，問他中午呢？下午這段時間呢？為什麼明明在回家的路上又沒回來？只見他突然吞吞吐吐：「這……個，還是不讓妳知道的好！」做了還不讓我知道，莫非？我越想越不對勁，一下醋勁大發，淚珠也在眼眶打轉，一個枕頭打過

去，開始河東獅吼：「你去死吧！」

　　這時，老公居然呵呵笑出聲來，說：「看妳平時大大咧咧的樣子，想不到還會吃醋啊？老婆還是自己的好，放心，我絕不會讓妳有機會吃醋。中午在回家的路上，被老同事碰到拉去聚會了，我不想去，他們都拿我升職不認老同事來激我。因為知道妳不喜歡我喝酒，所以怕告訴妳。」

　　見老公說得情真意切，我也見好就收，不過也沒忘了告誡他，打牌下不為例，以後也不許和其他女人私下來往，更不許向女人獻殷勤。老公居然一幅受寵若驚的樣子，不迭的只點頭，我看在眼裡，忍不住破涕為笑，心裡暗自得意。

　　我知道，老公這只風箏，即使飛得再高再遠，繩頭還是在我手中攥著，大可給他一點空間，任他海闊天空；當然，偶爾也應該拉緊繩索，讓他學會牽掛。

聰明女人有多個抽屜

很多時候，妳的他對妳失去興趣，原因在妳自己身上，妳知道做女人最笨的是什麼嗎？就是毫無原則地全部出讓自己的領地，把自己的一切隱私毫無保留地抖給男人看，妳這樣做，只會讓他徹底吃定妳，在他面前，妳再也無神秘感可言。

所以，幸福的女人通常都有多個抽屜，而且，總有一個或幾個抽屜是不給男人看的。生活中，抽屜是隱私的象徵，某個夏日的午後，表妹看了電視連續劇《別動我的抽屜》後觸景生情，給我講了她關於抽屜的故事。

表妹從中學時期就開始寫日記，結婚後，她把這些日記都搬入了新房，並開門見山地要求丈夫給她一個大抽屜，能裝下這些秘密。丈夫欣然給她配置了一個大抽屜，還裝上了一把智慧鎖，承諾

「我永遠不會動妳的抽屜」。當時表妹感動得熱淚盈眶，立刻撲到丈夫的懷裡呢喃了近半個小時。

女人的幸福是離不開抽屜的。抽屜會為女人贏來尊重和美麗。

首先，抽屜會讓女人平添女人味，即使我們的祖母，當她打開抽屜悉數往事的時刻，她的臉上依然會發出少女般的光芒，她會因此而年輕。也就是說，任何一個女人打開抽屜的剎那，她都是個可人的小女孩。三毛寫過一本書叫《我的寶貝》，她是走過千山萬水之人，她的抽屜裡多是些精心淘到的寶貝，而許多俗世中懵懵懂懂的小女子，卻也落得有些敝帚自珍。也許她的收穫在男人眼裡不值一提，但是她卻會視若珍寶。喜歡懷舊的女人在細數它們的時候，總免不了因為內心小小的驚喜而面露微笑，可謂「抽屜深深深幾許」。

其次，擁有這麼多抽屜，妳的丈夫會認為妳是個有故事的女人，而有故事的女人通常會讓男人上癮的，妳的生命也會因為這些故事而豐盈起來，男人也會對妳另眼相看。

一個有故事的女人，就像一瓶塵封多年的紅酒佳釀，飲前要喚醒它的記憶，要使它在精美的醒酒器中與空氣充分的交融，濃郁淳厚的香味才能滿滿的散發出沁人心脾的芳香，一個有故事的女人，如紅酒般的甘醇，總在不同的場合被她拿捏得恰到好處，動人心弦，總是在不經意間洩露著隱秘的心緒，或熱烈，或縹緲，或柔媚，在千迴百轉中變換著心境，追求著夢幻和浪漫，即使失落和傷感，也會做一個有故事的女人。

再次，抽屜會增強女人的吸引力。每個人擁有自己的一點空間，擁有自己的一點小秘密，給它上把鎖，是自己的一點權利。給另一半一個「我永遠不會動妳的抽屜」的承諾，也是為自己贏得了更多的愛。適時地透露一點給他看，給他玩點玄虛的，那個早已經對妳審美倦怠的傢伙就會重新對妳上癮了。

　　總結起來，聰明的女人至少有三個抽屜，一個裝滿友誼，一個裝著愛情，還有一個裝著自己的婚姻。為自己保留這樣的抽屜，鑰匙在自己的手裡，抽屜裡面盛載著一些不願與他人分享的秘密：或許是一封初戀時收過的情書；或許是一本關於經歷喜、怒、哀、樂的日記；或許是一點能自由支配的私房錢……上了鎖的抽屜就像個悶葫蘆！悶葫蘆裡裝的是什麼東西他人是難以知道的，也不需要知道的。

　　至於抽屜的款式自然是不必深究。式樣簡單的推拉式，像北方女人，直來直往，所有心事寫在臉上。精緻繁瑣的拉環式，是南方女子，心思綿密，九曲迴腸，讓男人費盡思量，才下眉頭，卻上心頭。有些抽屜還帶著夾層，藏著珠寶首飾，或是從前情人的書信，如滿懷心事的舊式女子，把搖曳難止的情思，極力掩藏在溫柔的沉默背後。走進她們生命的男人，多是粗心的過客，不能示人的秘密和紅顏一起老去，成為人生中永未打開的夾層。

記著要裝傻

聰明女人還要有一項真本領，就是要會裝，不僅要裝乖，還要裝傻。這幾乎是維護感情的萬金油。

我老公是個非常沉默寡言的人，但有時候他也會來點黑色幽默。有一次，我們一起到郊區郊遊，路上，他指著馬路上來來往往川流不息的車龍，開始高談闊論：「妳看一家人出去，只要看看誰在開車，就知道這家是誰在作主！」

後來，我們周遭有幾家熟識朋友先後離婚了，我老公又開始發表結論：「妳發現沒有，這離婚的幾家，都是老公一旁坐，老婆在開車呢！」看著他故作高深的模樣，我對他表示崇拜，不過一個人的時候，我動腦筋一想，覺得老公明明就是說給我聽的，即便我只勉強算得上半個女強人，我還是索性決定夾起尾巴做人，裝模作

樣，免得惹是生非。

　　具體該怎麼裝呢？舉個最常見的例子，當我們全家外出的時候，儘管開的是我的車，儘管我的開車技術非常好，甚至比老公還好，但我絕對不去搶那個方向盤；在路上，當我老公迷了路，開著車像無頭蒼蠅似的在大街小巷亂蹦亂躥時，雖然我明明知道該往東走而不是往西走，但我也絕對要咬住自己的舌頭，壓住自己的怒氣，還要把車窗也搖下來，探出頭去跟他一樣的東張西望──一句話，裝傻！

　　不僅我這半個女強人要裝傻，連那些最聰明的，真正的女強人也一樣會裝傻。我的好朋友小青，從當初一名家庭主婦做到如今三家連瑣霜淇淋店老闆，而她老公在小青這整個發達過程之中，只從一個中級工程師升到高級工程師。但小青告訴我，她抓住她老公之心的最偉大的絕密武器竟然和我一樣：裝！

　　不過和我不同的是，她在裝窮，在老公面前哭窮！簡直讓人難以置信！「妳還哭窮？他信嗎？」「信！哪裡有不信的道理！」小青如此說，「我每次哭窮時，都是要真的哭！眼淚一來，錢也就來了。上次他升職，我一哭一訴，他馬上就把加薪的那五千塊給我了，爽得很！」

　　我心想，不管是妳爽、他爽還是妳們一起覺得爽，他們那個婚姻都一定是西線無戰事。果然，十年下來，他們夫妻陣營固若金湯，百毒不侵！

現代婚姻，身為一個女人，妳如果太弱，並且是表裡一致，裡裡外外都弱，就會被男人瞧不起妳，找個第三者來，還會與那個第三者聯手，回過頭來理直氣壯地狠狠踩妳一腳。但是如果妳表裡一致的強，像隻母夜叉一樣的強，老公絕對怕死妳了，誰願意與一隻母夜叉朝夕相處，一有機會，就溜到溫柔鄉去了。

現代女人在對付男人上，最需要的就是表裡不一，即內強外弱。內強是心理上的獨立，事業上的進取，品性上的忠誠。一句話，即便明天沒有了老公，自己一個人照樣有碗好飯吃！那麼外弱的意思則是需要向男人灑眼淚的時候，就得有眼淚；需要給男人提鞋的時候，就要去提鞋；需要討好男人時侯，就要捨得用花言巧語。

女人，女人，越強就越要有這麼幾招，讓妳的男人從遠處看妳的時候，妳是隻鎮山母老虎，讓他絕對不敢輕易在外為非作歹；而從近處看妳時，妳則是隻過街小老鼠，多麼需要他的保護，看他忍心往哪跑？不信妳就試試。

第九章
找回失落的城池

一直以來都信奉婚姻是兩個人的戰爭，可是第三者當道，

桃色陷阱正蔓延，再也沒有固若金湯的愛情圍牆了，

婚姻已然成了多數人的戰爭，稍有不慎，

妳苦心經營的水晶房子會在瞬間倒塌，

原本幸福的家庭一眨眼就變成了「失樂園」。

多數人的戰爭

　　昨天晚上老公的多年老友王剛來我家吃飯。席間愁眉緊鎖、長吁短歎。一問之下，才知道他老婆因為「第三者」的事和他冷戰三天了。我眼珠子都快跳出來了，吃驚啊！

　　就王剛這種人還能有第三者插足？誰不知道這兩口子都結婚7年了，依然保持著新婚般的持久熱情，就他們那股黏糊勁早就鑄就了銅牆鐵壁了，什麼樣的女子能鑽得了他們的漏洞？

　　王剛基本上算是個有魅力的男人。多年的商海沉浮使此人凝煉、沉穩、睿智，富有細緻入微的洞察力。毫無疑問，這一點對成熟而正派或非正派的女人都具有殺傷力。帥歸帥，王剛對老婆小鈺還是相當的好啊！每次在一起吃飯的時候，都猛往小鈺碗裡夾菜；常言：「這可是我的老婆啊！給老婆買化妝品，一擲千金，眉頭都

不皺一下。」

他一度是我給老公指定的學習楷模，我親力親為地歸納了四十多條，抄在小本子上讓老公大學一三五，默念二四六，週日實地參觀考察，後來老公朽木不可雕、笨頭笨腦的居然還有厭學情結，因此成效甚微不了了之。

小鈺是個單純、善良、幼稚得無以復加的乖孩子，彷彿正處在純真年代。像個愛作夢永遠長不大的公主那樣，在她丈夫搭起的風吹不著，雨淋不著的堅固宮殿裡，做著天下所有女人都羨慕的夢又不願醒來，這源自於她敏感、纖細的個性和舒適無後顧之憂的生活。我常想，女人能做到這樣，挺單純的，說不定確實是福。

可是這件事出乎人的意料，我佯裝做菜，在廚房豎著耳朵傾聽，慢慢聽出事情的原委：王剛的公司幾年前剛招募了一個設計師，剛畢業的一個清秀女孩。像王剛這種男人絕對是經得起考驗且刀槍不入的，他也從來沒有過找情人的想法。可是女人要是執著起來，一個巴掌還真能拍得響。這女孩對王剛可是一見鍾情，據說之所以來這家公司並不是看上這個職位，而是看上了她的主考官——王剛。

女孩自從上班第一天就不遺餘力地找各種藉口和王剛接洽。剛開始王剛並沒有在意，後來發覺了，「可是我沒理由拒絕呀！都是工作問題。」女孩很聰明，經常當著眾同事的面倚小賣小，開玩笑讓王剛請吃飯，吃得晚了再做小鳥依人狀讓王剛把員工送回家，遇

到颱風下雨更是不用說了。

只要用心，機會總是有的。女孩和王剛共同設計的方案終於達到了客戶的要求，在公司的聚會上，女孩大膽地提出要和王剛情歌對唱，王剛本來是有些卻步的，可是總不能讓女孩落落大方伸出的手就那麼在空氣裡懸著呀！

僅僅是唱首歌倒也罷了，誰知道這個女孩子的跟蹤能力還非常好，不早不晚地趁王剛洗澡的時間發了個簡訊：嫁人就要嫁王剛這樣的。這下被老婆逮個正著。老婆一直很憨厚，這一次卻不然，以王剛的口氣立即回覆：可是我已經結婚了。

女孩也不甘示弱：結婚又怎麼了？

沒經幾個回合，可憐的王剛在浴室洗了一半，就被老婆給揪出來了……客廳，王剛還在和老公一邊細嚼慢飲，一邊感歎人生苦短，尤其抱怨豔遇太淺，為什麼要一棵樹上吊死，沒遇到個絕色美女享受生活，老婆又不聽話。

如此堅固的根據地都被別人動搖了，我在廚房裡乾脆幸災樂禍，踮著拖鞋，哼起《男人男人哭吧哭吧不是罪》。

突然我一下子頓悟了：這年頭，婚姻已經不單單是兩個人的戰爭了，而是三個人、四個人甚至更多人的戰爭，老婆再賢慧，男人再安分，也招架不住第三者一個勁地硬往妳家門上撞啊！

不如做個登徒子

　　利用男人好色、佔有欲極強的劣性，女人可以在愛情這個戰場上把男人打得落花流水、俯首稱臣，這個過程稱為「降妖」，從此把他收入妳的「火眼金睛」。

　　首先，妳要好男色。條件再差的男人一旦結了婚也會變卦，用個點擊率比較高的詞說就是：拽了。已婚男人為什麼拽？原因很簡單，進了我的囷就是我的糧食，我吃定妳了。從此以後我就是妳的天和地，妳唯我是從，不這樣，妳還能怎樣呢？

　　這時候男人的佔有欲得到了充分的滿足，對於家裡的這個女人，他有絕對的安全感，他自信自己就是那口深井，而老婆再漂亮也不過是那隻可憐的井底之蛙。從此以後，好色是我的愛好，妳只能每天盯著我這張臉，守著我的人，對我伺候得服服貼貼。

婚後的男人就是這麼霸道，不可一世。怎麼辦呢？很簡單啊！徹底粉碎他的安全感和自信心，重新給他危機感。

表姐剛結婚不久，就失望地跑來和我傾訴。「以前出門在外，眼睛從來都是在我身上聚焦，現在一出門，總是東張西望，從來不會放過任何一個偷窺美女的機會，簡直是明目張膽的偷窺。」小事一樁嘛！我給她開的處方很簡單：以牙還牙──挑戰他的安全感。

我忍痛割愛地把我的偶像裴勇俊從牆上摘下，交到表姐手中，叮囑她回家掛在臥室，告訴老公，據說他的笑可以溫暖全世界。另外，在我的提醒下，表姐也開始公然在大街上對各路帥哥都顧盼流離了，這下子慌的是姐夫，表姐則是春風得意馬蹄疾了。不久表姐就餽贈我一份大禮。

其次，妳還要好女色，無論什麼時候出現在老公面前，他都會眼睛為之一亮。常聽男人在一起抱怨：和女人結婚就是看見一個女人如何從美女變成野獸的過程。這裡面雖然充滿了男人的挑剔，但也不乏女人的失誤，女人結婚後不知不覺得變成黃臉婆，可是男人是天生的視覺動物，他們想不膩煩都不行。所以妳應該重視自己的衣著、容貌還有身材。做個勾人的好老婆。

無論何時何地，黃臉婆的命運都差不多，就是在心裡被淘汰出局。那個男人沒有離開妳，純粹是良知在堅持。男人不是好色嗎？那我比你更好色，我不僅好男色，還好女色。就這樣好色到底，男人沒有不對妳刮目相看的。不信試試看。

獨立的「戲子」

女性獨立的話題向來很多，1920年代是娜拉的出走；1950年代是大生產中的婦女能頂半邊天；1970年代是「女人不需要男人，就像一條魚不需要自行車」；1990年代又出了那麼多事業有成但婚姻失敗的女強人……

獨立對於女人的婚姻究竟是好事還是壞事？2006年，「華納一姐」金海心發表了她的新專輯《獨立日》，自己作曲、製作，將閨中好友大仙女羅茜找來作詞，這兩個漂亮、知性的女人用音樂和歌詞，勾畫了新世紀的女性獨立宣言書，關於愛、朋友、內心世界。

將戒指戴在右手，好好愛自己，享受生活，這就是她們用心詮釋的一份獨立女性的宣言書。女人，哪怕做一株小草，也不要做依附在男人身上的藤。這樣會把他們嚇走的。

有工作的女人在經濟上有獨立感，這種感覺能使她們的精神獨立，有相對堅實的地基。但不少女人在經濟上仍依賴男人，這些女人就沒有獨立感。

女人沒有獨立感就沒有尊嚴。男人在有尊嚴的女人面前才懂得在乎。過去的男女關係總被遮掩在虛情假意裡面，這已非常不適合現代社會的要求。男女經濟關係的含糊，使男女相處的品質不高，不僅不能獲得兩性暢快和透明的愉悅，也很容易產生矛盾和變心。女人如果缺少獨立感，整個人就沒有生氣，不自信，不自信的女人是無論如何也美不起來的。男人對這種女人不會有長久好感，遲早都會背叛。

當然，我們所說的獨立指的是一種精神上的獨立。

對女人來說，精神獨立更為重要，因為男人是活動在物質中，女人卻活在精神裡。女人的精神是無比神秘和無比豐富的誘人世界。女人精神獨立是對自己的確認。哪怕是物質上一貧如洗，也要有美麗的精神世界，那這個女人就是自己精神世界的女王，按照自己的感覺來操作自己，哪怕有小的錯誤也是值得的。

女人可以在自己的精神世界裡建立起一個美好的王國，當她自豪地感覺到她是這個王國的女皇時，她就會在現實生活中找到自信。女人精神獨立還體現在她的思想是受自己支配，而不是為別人盲目修改自己的行為。有個女人愛上一個男人，由於感覺太好，她想與其他女朋友分享她的感覺。於是她去徵求她們的意見，她的朋

友們認為，這麼好的男人一定會有很多女人追，最後的結論是這種男人沒有安全感，不值得交往。於是女孩就和這個男人分手，後來聽說她認識的另一個女孩與他結婚了，只差沒氣死。

女人精神的動搖是一種不獨立的表現。很多女人都像得了「預支恐懼症」，一接觸男人就想將來可不可靠。越想越不對，明明現在有很好的感覺，一下就恐懼了。其實生命的意義就在此時此刻的分分秒秒。如果妳對一個人的感覺好，就應該跟他去共同營造更好的感覺，哪一天不好了，再與他分手也不遲。

有些女人總認為戀愛就必須結婚，假如分手就覺得丟臉，多幾次分手更是坐立不安，怕別人議論。這是一種很傻的想法。現在的人各有各的事，也有分手的煩惱，誰也沒功夫來關注妳的分手。妳一定要相信第三次世界大戰不會因為妳與誰分手而爆發，也不要以為報紙上的新鮮報導會跟妳分手的故事有關係。

妳分不分手是妳個人的區區小事，完全不必在意社會的反應。即便有些人留意妳分手，也只會當作妳換了一件衣服。所以女人不要傻，一定要學會在精神上獨立，完全按照自己的感覺來操作自己，就算是些小事也值得。

目前，女人獨立的主流已從向男人挑戰轉向對自身的追問，可以斷言，不久之後女人就會從知識結構和生理結構方面重新考慮自己的社會定位。無論女人將會做出什麼樣的選擇，有一點是可以肯定的，她們離幸福更近了。

掐死妳的溫柔

都說女人是水做的，天生有著溫柔的本性。

可是現在有的男人就偏愛野蠻女友。也許這是新世紀，不再流行什麼溫柔了。所以，女人不能對男人總是太溫柔。

可能是做過白衣天使的緣故，愛琳平時給人的印象是：性格溫和，笑容甜美，說起話來輕聲細語。不知情的人看來，應該算是溫柔型的。

愛琳的老公每聽到有朋友說，老婆如何厲害，簡直河東獅吼，他就一臉不屑地說：「這種老婆休了她，看我老婆，叫她做飯就做飯，叫她……」愛琳便在一旁笑著附和說：「是啊！是啊！」

朋友們歎道：「妳老婆真賢慧呀！」老公非常滿足，樂得嘴都

合不攏了。可是好景不常，愛琳老公的太平日子就快結束了。

有一段日子，老公的公司來了一個業務員叫雲，長相平平，人卻能幹。老公很是欣賞，逢人就誇：「妳看我部門小雲，又能幹，又賢慧，真是不知道哪個哥兒們有福氣娶到她！」第一次聽他這麼說，愛琳心裡十分不悅。不悅歸不悅，沒有理他。

誰知道老公卻變本加厲。一次又一次地在朋友面前重複這些高論，愛琳再也忍不住了，當著眾人的面一把摔了手中的杯子，指著他吼道：「既然如此，你為什麼不離婚娶她，現在也不晚嘛？給你機會。要不就離婚，要不就別在我面前那樣肆無忌憚地誇別的女人。」朋友們一陣愕然，想不到一向乖巧溫順的愛琳竟有如此潑辣的動作。老公當然也很吃驚，記不清他當時說了什麼，只是此後，他再也不會在愛琳面前誇別的女人。

女人的尊嚴是自己爭取的。蠻橫無理的潑婦自然不惹人喜歡，不過女人如果溫柔到被人隨意地踐踏尊嚴，也是一種天大的失敗。溫柔，不是無原則的溫柔；大度，不是什麼事都包容。我的原則是：小事不計較，大事不糊塗。柔中有剛，綿裡藏針，這才是真正的溫柔女人。

女人對男人太溫柔、太好，會讓男人覺得有壓力，彷彿就像一把軟的手銬，會讓男人窒息、逃跑。男人其實大部分都不喜歡女人沒有個性。我有一個朋友，那時年紀還不算大，她是個很有個性的女孩子。自己認為可以做的事情無論別人怎麼說她都要做，不能做

的事情就算是一把刀架在她的脖子上，她也寧死不屈。

後來她交了個男友，好像是比她大5歲的樣子。男友對她非常寵愛，慢慢的，她什麼都依賴男友，性格也為他改變了，變得對那個男人百依百順，有些時候甚至是委曲求全去讓那個男人快樂。2個月左右，他們分手了，男的說她失去了她本來的個性，讓他覺得她沒有主見，我們不合適，還是分手吧！

難道對一個人好錯了嗎？也許在男人的觀念，女人的愛是不需要表現在表面的，也許發自心底的愛才是最重要的。

所以，現代女人不能對男人太溫柔！切記。

和零距離說Bye bye

　　莎士比亞說過一句耐人尋味的名言：「最甜的蜜糖，可以使味覺麻木，不太熱烈的愛情，才能維持久遠。」有些夫妻，在同一家公司工作，真可謂是形影不離，久而久之，卻常為一些雞毛蒜皮的小事發生口角。

　　男人認為女人多嘴、嘮叨，失去了先前的溫柔、善解人意；而女人也看不慣男人的挑剔，已經失去了戀愛時的灑脫風度。於是心存芥蒂，矛盾日漸增加，終於導致分道揚鑣，離婚收場。

　　生活中，這種莫名其妙的「感情破裂」的例子不在少數。妻子死守著丈夫，日日夜夜重複著同一套生活模式，再賢慧的妻子也難免心生厭倦。假使妻子一旦心生厭倦，這種心情自然會影響丈夫，甚至使丈夫認為婚姻成了累贅。

其中原因想必大家都知道，距離產生美嘛！無論友情還是愛情，保持零距離都是不現實、不可取的。很多不幸福的婚姻和戀愛，都是因為雙方一旦進入這個狀態，就開始要求對方什麼都要向自己開放、坦白，不允許對方有隱私。

這樣一來，雙方就不再有神秘感了，沒有了神秘感，雙方的吸引力就會急速下降。很多女人都說，為什麼男人一旦擁有了自己，就不像以前那樣愛自己了，那就是因為妳不再神秘，他沒有想探尋妳的願望，所以他就會開發新的神秘目標了。網戀為什麼吸引人？就是因為虛幻、神秘。所以做女人，一定要和男人拉開距離，保持自己的神秘感。

首先，不要因為愛對方，就過度限制對方。給他空間的同時，妳才能擁有自己神秘的空間。比如，妳不要查看對方的手機，不要查看對方的聊天記錄，那都是妳不自信的表現。

如果妳想看的話，要動腦子。比如，妳可以讓妳的朋友定時給妳傳簡訊，特別是在妳老公在家的時候，然後妳看完，不要主動告訴他是誰，他若問，妳就說：「有人給你傳簡訊，我可從來沒有問過，如果你想知道，那我們兩個交換。」如果妳想知道他聊天的情況，那妳就開始聊天，然後引起他的好奇心。當然妳做這些要拿捏得宜。

其次要注意自己的外表、談吐和身體。要愛惜自己，自己漂亮，不但男人喜歡，自己也有自信，不是嗎？

所以，女人一定要讓自己保持美麗。很多結婚的女人，不再打扮自己，特別是生了孩子，就邋邋的一踏糊塗。身材無限制的膨脹。這樣其實是對自己身為女人的不尊重。要注意運動，化適當的妝，穿合適的衣服。一個穿著睡衣滿街走的女人，她的老公能不往那些穿著得體的女人看嗎？

我從來不查老公的手機，他手機響，我就叫他。除非他請我幫他接，我也是禮貌的和對方說，他現在不方便接電話，您是願意留言還是等會兒打過來。

不管對方是男女，我都這樣對待。即使是女的，我也從不問她是誰。不過，如果我的電話，是男的，我也不告訴他。我知道他很好奇，很想知道是什麼人，我就是不告訴他。

如果他問我，我就說：「女生打給你的電話，我可從來不過問。」他若說：「我沒有什麼不能說的。」我就說：「我也是。」他若說：「那妳說。」我就說：「那你先說。」反正我就是和他打太極拳。

還有，就是我要辦什麼事情，如果和他沒關係，我從來不和他說，自己就去做了。他總說，我和妳結婚這麼多年，總是搞不懂妳，妳的各種想法都是從哪裡來的呢？我說：「對了，搞懂了就麻煩了。你就對我繼續鑽研吧！就是別累著了。」

向情敵學習

　　他山之石可以攻玉，經營婚姻也是如此。別以為男女關係就像圈地，只要劃清勢力範圍就能萬事大吉。情場上，充滿貫穿終生的較量，每個階段都可能遇到情敵。要贏得終生的勝利，必須用終生去學習。而老師，往往就是妳的情敵。

　　每個情敵都值得尊重。她們是搶走妳男友的狐狸精，讓妳心痛，卻也助妳成功。她們未必是妳肚子裡的蛔蟲，卻能直擊弱點讓妳好夢成空；她們未必肯指出妳的漏洞，卻在較量中反襯妳的優勢與平庸。

　　好的情敵，既有本事讓妳無能為力，亦能將妳調教至天下無敵。不斷過招，不斷學習，她們的殺手招數將幫助妳攻城掠地。且看那些狐狸精教妳的事。

製造事端，讓堡壘從內部攻破

情敵奪走了妳的男人，幫兇可能就是妳自己。

當第三者出現之後，男人是不會輕易放棄正選的，除非她把他鬧得實在很煩——遺憾的是，缺乏安全感的女人常常會犯這樣的錯誤，以致讓狐狸精奸計得逞。她只需使出兩三招就能「把堡壘從內部攻破」——安潔麗娜摧毀布萊德彼特婚姻的過程就是典型例子。

狐狸精的第一招是製造夫妻矛盾。通常會想辦法讓對方的配偶知道自己的存在，挑起他們內心潛伏的不安。安潔麗娜下決心要奪走彼特以後，首先安排記者公開她與彼特同行的照片。

畫面上，安潔麗娜試圖將頭靠在彼特肩膀上，但彼特卻像在退縮。如果安妮斯頓根據這一「縮」放過老公，說不定彼特會因內疚回頭。然而，被不安全感驅使的女人通常不會這麼理智——她和彼特吵了一架，矛盾被公開化了。

狐狸精的第二招就是想辦法加深夫妻間的裂痕，製造出男人「屢教不改」的形象，讓配偶賭氣一走了之，這樣就相當於把男人拱手讓人了。安潔麗娜會在彼特夫妻共處的時候打電話給彼特，故意讓安妮斯頓知道自己的身分。

有鑑於安潔麗娜的名聲，安妮斯頓自然很難相信彼特是清白的，兩人的不信任感日益加強。到最後狐狸精使出致命一擊，讓正選感覺大勢已去：安潔麗娜讓可憐的安妮斯頓看到老公與自己歡

好。就這樣，「金童玉女」分道揚鑣了。

遇到這種情敵，切記女人的天賦是吸引，而不是捕獵。所以不必去監視、圍困鎖死一個男人，應該保持吸引力，然後放手，讓他走。他和妳在一起，必定是因為喜歡妳。如果他一去不回——留得住人也留不住心，由他去吧！天下男人不全都死光光啦！

一致對外，讓情敵落荒而逃

打仗時，要團結一切可以團結的力量，等勝負分明以後再來解決人民內部衝突。當婚姻之城受到進攻時，切記他也會在這場戰爭中受創，切記你們曾經在世人面前結盟。

妳應該像狐狸精利用他一樣，好好左右妳的男人，讓所有情愫在法律面前止步，讓一切曖昧在結盟之處低頭。

對狐狸精最致命的打擊，就是讓男人主動離開她。光靠妳來趕是沒有用的，妳必須讓丈夫與妳保持一致——在男人受傷的時候，他就會變得很顧家，這樣，妳的機會就來了。

小貝與麗蓓嘉鬧緋聞的時候，維多麗亞一邊忍住怒氣挺丈夫，一邊想辦法把麗蓓嘉的醜事抖出來。終於，小貝夾著尾巴脫身了，回到家被老婆擰個半死，還要買大鑽戒多謝她。

綿裡藏針，給情敵溫柔一刀

能獵殺獅子的綿羊都是棉裡藏針的。對男人來說，女人委屈時

顯得大度，窩囊時叫人愛憐，愛著、疼著，他的心就慢慢偏過去了。這一點，再拿卡蜜拉來說。早在戴安娜婚前，查爾斯因為準備結婚的緣故，與卡蜜拉的關係有些疏離。

卡蜜拉索性欲擒故縱，乾脆支持情人迎娶戴安娜：「她太好控制了，正方便做妳的妻子。不會妨礙到我們。」果然，她的「大度」贏得了查爾斯的歡心，此後也對她不離不棄。這個狐狸精採取以退為進的戰術，往後退了一小步，卻讓關係前進了一大步。有時，光做綿羊還不夠，關鍵時要變成飛走的麻雀讓男人抓狂。瓊瑤當平鑫濤的情婦時，不但忍耐，還一直在人前盛讚平太太美貌賢淑。8年後，她突然提出要嫁人。這下平鑫濤忍不住了，他立即向太太提出離婚，迎娶瓊瑤。

製造輿論，橫刀奪愛

「低調」這一招通常是用在搶人家老公的時候，「高調」則往往用來圍捕鑽石王老五，而愛上鑽石王老五的人會發現，自己有眾多情敵，而且個個花枝招展，如果自己也毫無特色地跟風賣俏，最後恐怕只會有人輸，不會有人贏。局勢實在太嚴峻，於是逼出了最無奈的一招：奉子成婚。此招一出，所有男人都是紙老虎，什麼托蒂、歐文、休伊特之類的花花公子全部就範，真夠靈驗的！

假公濟私，公然勾引

這種情況大多發生於辦公室戀情。

辦公室之所以容易滋生愛情，是因為日久生情。千萬別小看八小時的工作時間，除了睡眠時間，人一天的活動時間也不過短短的10幾個小時，在辦公室裡的時間不算短了。更何況還有些公司把加班當作家常便飯呢？

事業圈的狐狸精可以是男人的員工、搭檔，甚至客戶。因為業務關係，她們有大把時間理直氣壯地留在男人身邊，盡情地釋放自己的美麗。最常見的就是演藝圈，就像安潔麗娜，她連《史密斯夫婦》裡的親熱鏡頭也不放過，毫無保留地與彼特享受肌膚之親。收斂一點的，如凱薩琳也因為與斯賓塞九度合作而擦出火花，戲假情真地當選最佳銀幕情侶。狐狸精的勾引地點就選在眾目睽睽的工作場合中，誰又能說半個「不」字？

更可怕的是，這種狐狸精往往左右著男人視之為第一生命的事業，在協助男人發展的同時也在提升自己。就如張藝謀捧紅了鞏俐，鞏俐也成就了張藝謀。這種互相扶持的恩情並不遜色於妻子在內務上的支持；而這種心靈同步的契合更是圈外的妻子不能比擬的。凡此種種，未婚青年和已婚太太都要注意了，一定要夾著尾巴做人，警惕來自「圍城」之外的「石子」。

給妳的婚姻上把鎖

談到婚姻，男人說：「幸福的婚姻有一個共同點，妻子都特別『好』。」因為女人的聰明，女人的心細，女人在家庭中占的分量更重，婚姻便成了一支以女人為主的交際舞，舞跳得好不好，取決於女人怎麼帶。

聰明女人都有一套馴夫的殺手招數，讓第三者無機可乘。這樣的老婆，讓狐狸精都害怕。

第一種聰明女人：用品行打動他

女人的善良、溫柔、勤勉最能夠打動男人的心。婚姻中的女人有了這些好品行，就可以帶著男人走基本步了。寒冷的冬天，給老公沏一壺熱茶；炎熱的夏天，給他泡製一絲清涼。不要小看這些小事！妳在這些小事上具有的能力和表達出的愛意，會提升家庭的溫暖度。

這些都不是錢能換來的，無論妳幫他請多少個保母，都不如妳自己動手讓老公更滿意。

第二種聰明女人：適時展示知性的一面

　　時常聽些妻子抱怨，自己品行不錯，在家任勞任怨，為什麼丈夫還是把眼光放在家庭之外呢？這些妻子並不知道，婚姻生活中，光付出好品行是不夠的，還要有知性。

　　現在非常流行知性美，比如會唱歌的劉若英，她就是為男人稱道的知性美人。女人的知性美是她們身上內斂著的一輪光華，它不眩目、不耀眼。其光若玉，溫潤、瑩透、可感、可品、可攜。

第三種聰明女人：迎合丈夫的興趣

　　說到浪漫和情趣，女孩會說：「這是我的長項！」

　　她們錯了，要知道戀愛中的浪漫和婚姻中的浪漫絕對不是同一個版本，不信妳可以讓婚姻中的男人答個問卷，把女孩戀愛中做過的事都寫進去，比如：有事沒事打電話給他；牽著手在風中、雨中散步；在他生病需要休息時，努力給他朗讀愛情詩；再比如，一天一套新時裝；沒隔幾天就換髮型……撐不了幾天妳的老公就會對妳徹底失去耐心。

　　我曾經親耳聽某男士說：「戀愛中的女孩可以仙得不沾人氣，婚姻中的女人，就連浪漫也要給人一種『實』、一種深入骨子裡的感覺。比如一個浪漫的妻子會在把家收拾整潔的同時，再去追求一份擺設的美感。」

阿倫做妻子就很有「一套」，有一個假日，丈夫在和電腦下圍棋，阿倫擦地板，擦到丈夫那裡，阿倫請他挪挪位置，可是丈夫卻專注著打遊戲，露出一副緊張的樣子說：「別動，別動，我馬上就要贏了。」

　　細心的阿倫知道丈夫從沒贏過這種電腦遊戲，這次快贏了，二話不說，放下拖把就湊過去看，還和他一起計算最後的一步一招。一番廝殺後，丈夫果真贏了。那一刻，他高興地吻了阿倫。接著他一邊興奮地和妻子討論圍棋，一邊又幫忙拖地板，還提議晚上出去吃飯──效果不同凡響吧！阿倫只在丈夫感興趣的事上附和了他一下，他竟然會這麼喜出望外。真沒想到丈夫這麼容易滿足。

第四種聰明女人：用溫柔「俘虜」他

　　不少男人都抱怨，現在女人一個比一個高傲，美女好找，好脾氣的美女卻是不多見了，甚至有男人長歎：「女人的溫柔只肯獻給剛談戀愛時候的男人，或獻給怎麼也套不牢的情人，如果你是她的老公，那就死了讓她溫柔對待你的心吧！」

　　我刻意試驗過一個男人，我給他出了一道選擇題，讓他在霸道的老婆和溫柔的情人中選擇其一，他毫不猶豫地選了那個第三者。理由是，老婆如「母老虎」，情人如「溫柔羔羊」，母老虎離開他還能在這個社會中生存下去，而羔羊離開他，怎麼存活下去？殊不

知，離開他以後的「母老虎」悲傷得一塌糊塗。沒有一個男人縱容或慣著她，女人表面上的堅強和霸道能維持多久呢？

所以，聰明的女人，萬萬不要忽略了「溫柔」也是一道馴夫的殺手招數。

婚姻城堡中的女人，妳有多久沒有溫柔地跟他商量家事了？妳是否也常常懷念自己從前小鳥依人的模樣？當妳「河東獅吼」地吩咐家裡的男人做這做那，而他仍如聾子一樣穩坐泰山時，妳是否該反省一下了？不如把妳獻給初戀情人「最是那一低頭的溫柔」，也分些給妳身邊那個被妳頤指氣使的男人？說不定，他們也正渴望回到初識時那段柔情似水的甜蜜時光。

有人說，好男人是培養出來的，所以有「好女人是一所學校」這句話。聰明的女人總在失去前就懂得好好把握，不會給第三者留下任何可乘之機！妳還有什麼高招，過來說說吧！

第十章
「狐狸精」特訓營

做個狐狸精女人，我的意思是真正的壞女人——

臉兒媚，心兒硬，下手穩、準、狠，

對男人有一流的敏感度和鑑賞能力，是需要修煉的。

沒有天生的狐狸精，從現在開始，

靜下來，坐下來，氣沉丹田，開始修鍊。

一不怕苦，二不怕累，誰讓我們是女人呢？

《聊齋誌異》是必修課

　　想做狐狸精女人，不讀《聊齋誌異》是萬萬不行的。看《聊齋誌異》，忽然明白了狐狸精的故事為什麼源遠流長。原來，那一個個靈動的狐狸精就是男人心目中的夢中情人啊！且看這些狐狸精，幾乎具備書生所企盼的女人的所有優點。

　　首先，她們個個都美麗動人。否則為什麼凡間女人總是嫉恨地稱情敵為狐狸精呢？所有的狐狸精如青鳳、嬌娜、蓮香、辛十四娘等等，都是風流秀麗、惠質蘭心、麗質天生，為人間少見，具備了好女人的外型條件。

　　美麗的女人哪個不愛？！肯令千金買一笑，壯士一怒為紅顏。愛江山更愛美人的男人更是如此吧！漂亮、美麗如狐狸精一樣是好女人首先應具有的外型條件。

　　狐狸精一詞，還不僅僅美麗動人，彷彿還隱含著性感或風騷的意思，即便如此，也不能涵蓋它豐富的含義，它還有著無法抗拒的魅力的意思。

　　這些狐狸精，不僅僅美麗，且多情多義，深明大義，可說是具備了女性的傳統美德，卻全無傳統女性的致命缺陷：無見識、不能自立。她們甚至超越了傳統美德，更兼俠骨柔腸，在書生落魄、公子遇難之時挺身而出，力挽狂瀾，這哪裡是凡間女子所能做到的。這對於那些寥落寂寞的書生來說，是多麼可貴啊！十年寒窗無人問，卻獨獨有這麼一個多情女子不囿於世俗勢力而來紅袖夜添香，該是何等的安慰啊！

　　她們聰慧可人、多才多藝，多半又解決了公子的生存問題。想想看，她們修鍊了千百年，各懷絕技，雖能歌善舞、吟詩弈棋也絕不會淪落風塵，僅為心愛的人唱和而已；她們都身懷絕技，但又沒有現代女子的張揚，平素藏而不露，在公子危急時方才展現。公子在她們的庇護下，不問柴、米、油、鹽、醬、醋、茶的事，一心唯讀聖賢書。咦！人生至此，夫復何求。

　　狐狸精還有個獨特的性格就是率直，她純潔無瑕，對待愛情是直抒胸臆。在愛情的朦朧階段，是她勇於直露表白，而不似人間女子的忸怩羞澀，這對於有賊心沒賊膽的他來說，也很重要，公子雖然也有一個健康男人對於愛情的需求，然而他畢竟是讀過書的人，不敢做出違背世俗的事情。即使她這樣勇於表白心跡，他還是半推

半就方才接受的。

狐狸精最難能可貴的是，不會打擾公子的「後院」，這一點對於男人是非常重要的。即使公子已有家室，她們也不會爭風吃醋。而是非常識時務地在該來的時候來，在該去的時候悄然離去，並不會帶給公子一絲麻煩。

該來的時候輕輕悄悄如微風入室，該走的時候從從容容，不拖泥帶水，輕輕揮灑衣秀不帶走一絲雲彩。這需要多大的勇氣和智慧，是多麼難具有的素質啊！知退知進、審時度勢是聰明、美麗的狐狸精都具有的素質。因緣來而聚，因緣去而散。世上美女如雲，但具有這樣知進知退的有幾個呢？

可敬的狐狸精們！擁有現代知識女性的自尊，不給自己的感情畫一個多餘的尾巴；可愛的她！集古今美德於一身，問世間女子有幾人能修鍊到如此境界呢？可憐的她！公子雖然情深，卻不肯放棄門戶之見，預先為自己留下後路；可歎的她！僅僅是男人生命中的一段豔遇罷了。

她們後來都去哪裡了呢？蒲松齡沒有交待。也許他認為她們既已修鍊千百年，自是有揮一揮衣袖，不帶走一片雲彩的灑脫。而公子呢？已回到原來的生命軌道中，午夜夢迴的時候，也許他會細細思量那夢中情人的種種美好。

身體無小事

　　狐狸精女人不僅有讓男人暈頭轉向的臉蛋，還有讓男人興奮不已的超級性感身材。女人的身材比臉蛋更重要，狐狸精女人深知男人的好惡，無時無刻不忘向男人釋放自己的性感因數。

　　女人的性感有很多種，濃的、淡的、邪氣的、稚氣的、成熟的、青春的、貴族化的、平民化的。這聽起來很有難度，好像性感對「硬體」的要求太高了，具體到身體的指標上，胸、臀、腿、背、肩、聲音都必須剛剛好，玲瓏有緻。這其實是對性感的誤解，每個狐狸精都有自己的性感點。

　　胸——原來以為，胸大才能美。現在，「太平公主」也可以是性感尤物。要看女人的性感，最無爭議的也是最突出的部位應在胸部，有豐滿胸部的女孩子大多會被稱為性感，多數時候，當我們提

到一個性感女子時，就會聯想到她漂亮的胸。

事實上，胸大也不一定就美。現在的時代，一切觀念都需要更新，越是不按常理出牌的越是會得到認可。女人的性感可絕不僅僅停留在胸部那種的低級趣味和單調乏味上。

波濤「胸」湧的性感太直接、太霸道，反倒少了韻味。妳看CK時裝的代言人凱特・摩斯平胸小臀，完全是個「太平公主」，但並不妨礙她做個性感尤物。

臀──原來以為，臀部對於性感是無關緊要的部位。現在，擁有翹臀，是女人的第二性感地帶。

記得嗎？在夢露的影片中，有很多鏡頭便是透過好看的臀來表現其性感魅力的。線條美好的臀部，是性感的一個重點。

不過這是在西方，而對多數東方女孩而言，臀部並不被視為重視的部位，因為東方女孩難得有高翹、結實的美臀。

現在，日本女孩子卻將臀部視為除了胸以外的第二性感部位，雖然天然美臀對日本女孩來說並不容易，不過，她們注意選擇有修飾作用的內衣褲。款型很棒的褲裝會幫妳很大的忙。

腿──原來以為，修長、結實的腿才性感。現在，只要妳用心裝扮，即使並不擁有一雙美腿，妳也可以展示一雙性感的腿。有雙美腿是很讓人羨慕的，修長、結實，有很好的比例，穿什麼都會很好看。

可是對那些腿並不美的人來說，穿一雙長筒靴，配一條帥氣的靴褲；或者配短裙，也不失性感。

還有很多女孩子喜歡塗趾甲油，穿露出腳趾的絲帶涼鞋，這些都會特別強調女人的性感。穿長筒的網眼花紋的絲襪總會讓人想到美麗卻有毒的蜘蛛女，是一種帶點邪氣的性感。

肩——原來，肩部和性感似乎離得很遠。現在，肩部甚至被提到和乳房一樣重要的位置。

很多女人只注意自己的胸、腰、腿，其實在西方人眼中，肩部亦是性感的象徵，有人說，林青霞美在肩部，有很美的線條，又有些骨感、有型。

雙肩與雙乳一樣都是女人性感的標誌，而雙肩又常常被視為雙乳的暗示。一個男人對女人的身體接觸，往往先從肩部開始。

背——以前，很多人忽略了背部也可以很性感的。現在，妳注意到這個展示性感的地帶了嗎？

女人的背部，絕對是性感部位。看看那些穿露背裝的女人，只看背影就十分迷人。漂亮的背部，要光潔、平滑，還要有那麼一點結實的肉，或者有一些骨感也很美的。不可以太胖，也不可以過於瘦骨嶙峋。

聲音——原來以為，吳儂細語的聲音才叫性感。現在，有特色的聲音，或沙啞，或低沉，只要發揮得體，都可以性感到叫人酥

軟。

有的女人身體條件並不好，卻有一把迷死人的聲線，古時候稱吳儂細語般的甜、懦、軟為性感，而現在的性感有時可能就是如王菲那樣的粗嗓子，帶點慵懶、疲倦，但同時又具有誘惑力。

許多知道自己聲音優勢的女人會與自己心儀的男子通話半小時，卻拒不見面，因為她知道自己的優勢在哪裡。另外，如果妳能說一口流利的外語，馬上有了知性與開放的美，也可以為妳的性感加分。

當然，如果妳把自己渾身上下、裡裡外外都打量一遍，還是沒有找到自己的性感地帶，也不要灰心，妳可以和庫娃一樣宣稱：「我的思想最性感。」這也行得通，自信也是一種性感。

無論妳「底子」有多差，妳都要堅信：女人的性感並不難，難的是妳堅信每個女人都可以性感，以及妳清楚地知道，妳自己的性感優勢在哪裡。

記得選擇適合自己的戰袍

　　引起這個話題是因為那一天我又買了一套價值不菲的新款秋裝，一位已婚男同事調侃地對我說：「像妳這麼會花錢，一般男人哪養得起喲！」

　　「且慢！」我立刻慎重聲明，「先說效果怎麼樣？」

　　「當然不錯，妳這個妖精美女。」

　　有他這句話，就算罵我是敗家子、八輩子嫁不出去我都不恨他，最起碼他證明了我的穿衣魅力。這一點，對於一個以做妖女為己任的女人來講，至關重要。要想做個蠱惑男人的狐狸精女人，必須學會用合適的戰袍裝扮自己。

　　女人與衣服的關係之密切怎麼強調也不過分，女人對衣服的熱

情、耐心、重視與執著，哪怕是只有用「偉大」一詞來形容。

難怪，一身好的衣服就像魔術師，能把一個原本平凡無奇的女子變得明媚可人、魅力無限，這種倏忽讓自己煥發光彩的誘惑何必要抵禦？於是全世界都原諒著、慈惠著女人的追求，無論哪種季節，女性服裝永遠是各大商場琳琅滿目的「主打」，任憑妳是何等高傲、冷漠的女士，招架不住的怦然心動而亂了方寸。

如何用服裝來包裝妖女？其實很簡單，除了與自己的年齡、身分、膚色、身材及穿著的場合吻合外，無非是以下幾個要素：樣式別致、顏色協調、質地上乘、剪裁出色。

妖女個個都是搭配大師

女人，學會搭配，這一生妳都會是美麗的。人天生都好色，亮麗的色彩都能吸引我們的注意力，各種顏色在我們身上體現，都會有不同的效果。

其實，什麼顏色都可以搭配在我們身上，只是需要看看哪一種顏色是偏冷調或暖調；是輕或是重。黑色可以說是最時尚的一種顏色，還可以顯瘦，但如果是一個160公分的人穿一身黑，其視覺身高就只會剩下158公分，黑色把人的身高給收縮了，而且還極富重感。

眼睜睜看著明星們一襲黑裝走過紅地毯，風光無限，要知道，她們都是用了各種飾品來點亮黑色的時尚感。所以，顏色搭配和諧最重要。

衣櫥美學：少就是多

很多人直到穿衣服出門的時候，都會呆呆在衣櫥前靜站幾分鐘，或者拿著一套又一套的衣服試，好不容易穿上一套了，出門的路上又在嘀咕，這套衣服好像也不夠完美。

所以說，女人總是缺少一件衣服。

可是，我們要說，並不是所有的衣服穿在我們身上都好看，要知道什麼樣的款式適合妳，妳自己是什麼樣氣質的美人，妳身上體現出的是什麼樣的風格。要確定好自己皮膚的顏色，因為加在身上的衣服飾品如果蓋過我們本身的氣質，那就不對啦！我們不要聽「妳穿這件衣服真漂亮！」我們要聽「妳真漂亮！」

人有很多種類型，比如古典、優雅、戲劇型，前衛、自然和浪漫型，俗話說：「相由心生，看相知人。」我們一定要好好的認識自己，找到自己的風格和氣質，不斷的學習，並用智慧打扮，什麼時候妳都可以是萬人迷。

生動女人吸引眾人眼光

人，總是會看到不足的地方，看到不和諧的地方，正常色彩中，大紅、大綠的撞色總能吸引人的目光。所以，就算妳有些缺陷也不要緊，臉上化個淡妝，這樣既和諧又有禮貌。眼睛不夠大，略施光澤就能出彩。

　　人要學會欣賞自己，然後，做個生動的女人，別人也會欣賞妳。當身上有流動的，或是閃光東西時，妳就是最搶眼的。耳環是個非常重要的首飾，它距離臉部最近，能吸引並鎖定很多目光。另外，絲巾也是個體現智慧的好東西，它可以取代女人所缺少的「那件衣服」，注意合適的絲巾的顏色和圖案，妳的絲巾就神通廣大啦！

　　但問題是好東西人人皆知，「不好」的東西卻鮮為人知。君不見，現今各報刊雜誌總是對「好」衣服給予大量篇幅，到處美人纖體華服，營造了當前經濟、文化、社會等無處不在的商業氣息，然而講講「不好」似乎更有些實實在在的用處。為了女人們的美麗、事業，今天我就另類地和流行唱反調。

　　穿衣之道一是忌凌亂。衣服的樣式以簡潔、大方為主，不能有過多的裝飾，如花邊、帶子等等，另外色彩千萬不能多，一般來說全身上下主色調不應超過三種。

　　說到這裡我想起一個朋友，人家給他介紹對象，剛見一面就吹了，問其原因，他說他數了那個女孩身上穿的衣服共有七種顏色，所以斷定她是一個修養和品位不高的人。嗚呼哀哉，那個女孩可能根本不知道是顏色誤了她終身。

　　二是忌質差。衣服的質地無非是絲、綢、綿、麻、毛、呢、化纖等，料子則有薄厚和粗細之分，在搭配衣服的時候應考慮質地的相近和一致性，而不要相差太大。比如厚重的上衣不能配輕薄的褲子或裙子，而真絲的衣服也最好別跟尼龍的東西混穿，另外，筆挺

的和易皺的、粗糙的和細緻的、時裝與休閒裝等不同質感、不同風格的衣服，在著裝和出門前都要慎之又慎，三思而後穿。

三是忌做作。除非在特殊場合，穿衣服還是以自然、隨意為好，因為說到底衣服是為人服務的，讓自己和他人都看起來彆扭的衣服，勸君莫嘗試。

我也曾見過一個女孩，她穿著白色的連身裙，白色的襪子，粉色的皮鞋，背著白色的雙肩背包，頭上還繫著一條白色的緞帶。這種裝扮不能說不用心良苦，但給人的感覺是過於做作了，看上去很不舒服。

女人和衣服是永遠的話題，有發掘不完的深度和廣度，我也只能談些淺見，僅供愛美之人參考。

一半是海水，一半是火焰

一般是海水，一半是火焰，聽起來非常玄妙，此為何意？

其實這是在教妳「露點」的藝術。狐狸精不僅會穿，還要會「露」。女人該不該露點？答曰：「該。」那麼好的傲人身材藏著、披著實在是莫大的資源浪費。

狐狸精們的露不在於多，而在於露得妙、露得巧、露得剛剛好，讓玲瓏身材若隱若現，正其所謂「一半是海水，一半是火焰」。

衣服穿得若隱若現

現在，我敢保證，百分之九十的女人對性感存在著嚴重的誤解，她們想當然地把性感和露點聯繫在一起。每年夏天還沒來到，街頭美女就已經露得不能再露了。她們穿梭於城市的各個角落，像

開屏的孔雀一樣，高傲地朝人群展示著自己美麗的身材。

就為了美麗動人，走在路上吸引回頭率，女人們各出奇招，妳穿露背的，我就穿低胸的，妳只敢露大腿，我已經露到肚臍了，夏天的街頭被她們整得活色生香、熱鬧非凡，衣料都已省到不能再省，快讓人瞪出眼珠來，白白樂壞了一群專看美女的大老爺們。

可是這樣的穿衣路線剛好和性感背道而馳，好萊塢大美人蘇菲‧羅蘭，曾經用心良苦地告訴全世界女人一個真理：「穿得若隱若現，比脫光光對男人更有吸引力。」

就拿中式的旗袍和西方的比基尼來說吧！旗袍不再是古代的樣式，細節處已經有了恰到好處的改良，那裙腳的開叉又上了幾寸，無袖又往裡收了幾分，領口向下又拉了幾厘，無論是哪個美女穿著這套旗袍在西湖垂柳下輕姿搖曳地晃一圈，都效果顯著：應該露的全露了，應該收的目光當然也是一個不少的全收了，還又露得那麼傳統、含蓄，不會讓人心生反感。

可見女人的露不在於多，而在於露得妙、露得巧、露得剛剛好。

中國古代的美人兒，都喜歡拿小團扇遮住半邊的臉，把櫻桃小口藏在淺綠色的小絲扇下面，留一雙單鳳眼直吊鬢角，輕輕回首淺淺地一笑，就可以勾走一個才子的整個魂魄，讓他們茶不思，飯不想，甚至病倒在床。

白居易那等大詩人到了年老，也會讓一個猶抱琵琶半遮面且已

經嫁為商人婦的半老徐娘迷住，那半露不露的一面，引得他完全不顧儀態，大發感歎「恨不相逢未嫁時」。

再來看今天，章子怡在《十面埋伏》中那場豔驚四座的盲舞，帥哥金城武用劍一寸寸挑開錦衣，雖然只露出一個雪白的肩頭，卻是活生生的一個性感尤物從銀幕呼之欲出，也怨不得劇中的金城武為了她神魂顛倒，不顧性命。

表情達意要一半一半

不僅僅在穿著打扮上，在感情表達上女人也應該懂得含蓄的藝術。一個女子高盤著髮型，露出一絲微笑，眼神如水地輕蕩著，穿一套得體又好看的晚禮服，包裹得她曲線玲瓏，看到男子火辣辣的目光，只見她一轉身，臉上掠過一絲紅暈，一背的春光乍現，象牙色的肌膚在溫柔的燈光下呈現淺淺的光澤，像是忽然在暗處見到光彩奪目的美景，晃得人目眩神迷，怔得人不能動彈，一剎那就明白了儷人心魄的真正含義。

看，只要一半就可以點明美麗的所有內涵，只要一半就可以收到比全部都露還要迷人的效果，那一半的高雅一半的性感，一半的美麗一半的神秘就構成了一個女人全部的絕代風華。這比積極主動地投懷送抱效果要好出許多倍。

所以，對一個人產生好感，不用撲上前去就喊：「我喜歡你，做我男朋友好嗎？」妳可以低著頭含羞笑言：「我們可以喝一杯咖

啡嗎？」愛一個人的時候，也別迫不及待地把心掏出來，一腔熱血都給了人，人家說不定會覺得妳廉價，教育妳「愛情，是兩個人的事情」還會揚長而去。

拒絕人的時候並不需要太坦白地說：「我不喜歡你，我沒看上你。」只要輕輕地點題：「你不是不好，只是不適合我……」

甚至離開一個人的時候，也根本不用把人家的家裡洗劫一空，連一把牙刷都不留，妳大可以笑著坐下來喝上一杯紅酒，然後再輕輕地說：「Bye Bye！」總之，即便心中有萬丈火焰，妳應該學著把感情留一半在心中，這總比把自己整個交給他人來得聰明。

張曼玉在《花樣年華》與梁朝偉在巷口的激吻，燈光昏暗，她的高領旗袍領下拉著，露出了一個光滑如玉的頸。與那個男人愛得如此的曖昧，卻也只讓他看到一片雪白的頸，她來不及說我愛你，男子也沒有辦法帶她走，愛得如此的含蓄才讓人記得如此的深刻。

最後，他們也只能在街頭的人群中告別，露了一半的戀情，卻留下一輩子的回憶。真正聰明、美麗的女人，是那些懂得露一半的女子，身姿若隱若現，魅力總在不經意間流露出來。

在生活中也要明白給自己留著一半的餘地，那一半的餘地能給人很多美好的回憶，也可以顯現女人全部的智慧和美麗。

像巴黎香水一樣五迷三道

　　老男人帕西諾一直被失意折磨著，直到他在一次舞會中邂逅一位美女。這個頹廢的男人原本沒有認識美女的機會，因為他在戰爭中失去了雙眼，脾氣變得暴躁，可是他卻靠一縷香水的牽引，被帶到了年輕女子的身邊。

　　《女人香》把香水誇張到了一個極限，香水、女人、音樂，不僅讓一個男人找回了自信，更重要的是實現了一個女人心中浪漫愛情的夢想。女人與香水天生存在一種神秘的親緣。

　　香奈兒女士講話一向驚世駭俗，而在這些驚世駭俗的話語中，我個人最喜歡這一句：「不擦香水的女人沒有未來。」甚至有人貴族地說：「不使用香水的女人，如同在眾人面前赤裸著身體。」這種說法雖很極端，但只要是女人，她們都毫無理由地酷愛香水。而

且，懂得如何選用香水的女人，內心肯定藏著一份雅致。

如果妳是一個用香水上癮的女人，恐怕會對我的意見強烈贊同，而那些從來沒有想過要把自己變成一叢玫瑰花或者是一顆葡萄柚的女人，那只能說，她們的「未來」與我們的定義不太一樣。

清純的少女在手腕抹上一滴雅絲．蘭黛的朝露牌香水，這女孩便如晨曦中的微風，帶著紅豔似火的玫瑰的熱烈、粉白似雲的鈴蘭的羞澀、鮮潤如玉的柑桔的清爽，徐徐地包裹了人們的嗅覺和視覺。賣菜的阿婆聞著女孩身上的香氣，會微微地笑著想起夏日裡自已在鈕扣上吊一串玉蘭花的香味；上班的年輕人聞到飄過的香氣，就會恍然記起今天是女朋友的生日，提醒自己路過花店千萬別忘了訂一束玫瑰。香水讓女孩成為一朵解語花。

俏麗的少婦在耳邊塗上一點香奈兒NO.5號的香水，恬甜的茉莉香、淡雅的薰衣草香，郁郁的迷迭香，頓時為職業女性刻板的套裝飾上了無形的蕾絲花邊，讓她們練達的笑容平添了幾分柔和，在香氣氤氳中，辦公室的男士們即使被操得團團轉，也心甘情願，還不停地證實：男女搭配，工作就是不累！

成熟的女人在項間噴上一絲迪奧的毒藥牌香水，若有若無的幽香讓那女人透出一股沉香木的質感和蘊實，合成了端莊優雅的氣質，從而在舉手投足間倍增自信。這樣的女人無論是在商場談判，還是在職場馳騁，都會讓男人產生由衷的敬意，在親和的氛圍中融洽共事。

髮間和指尖是男人的最愛

大約有八成的男性認為香水最有效果的部位是頭髮，然後才是指尖。頭髮每次甩動、迎風搖曳的時候，便會透露出隱隱幽香。雖然點子很老式，卻是歷久彌新。

另一方面，指尖是最容易接觸到日常各類事物的部位。不只有魅惑效果，從禮節的層面來看，擦香水是有必要的。正因為在人前活動的機會很高，為顧及周遭，擦香水可以留給旁人良好的印象。

耳後與頸後是代表地點

眾所周知，耳後與頸背是擦香水的代表部位。

香氣不僅會若有若無的彌漫，有人靠近妳的耳朵或臉部時，能夠發揮效果的就只有這個部位了，不過美中不足的是，由於香氣的流程是由下而上。因此擦在這兩個部位想持久恐怕很難。手肘內側和膝蓋內側是使香氣婉約、耐久的兩大重點！

擦在脈搏上是常識，若是擦在手肘內側或是膝蓋內側會更好，因為這個部位皮膚溫度高，會更有效率的散發香氣。同為靜脈部位的手腕內側，因為與事物接觸機會頻繁，很快就會消失不見了，當然不如擦在有脈搏的部位，又有外界適度保護的手肘內側和膝蓋內側，沒有比這兩處更佳的部位。

腰際是香水強弱的分水嶺

自己的腰際正是散發朦朧優雅香氣的部位。不過,同時也須考慮,劃出香氣的分界線。例如吃飯或到別人家拜訪,香水必須比平常擦得更下方,此乃常識。如果擦在頸、耳附近,溫熱的空氣向上飄散時,香氣也會跟著浮上來,為了使香水柔和不致刺鼻,應該擦在比腰略低的地方。

人潮洶湧或密閉空間,請擦在搖動的部位

使用香水也要考慮出入的場合,比如參加宴會的時候,如果場所是在密閉的空間裡,人多得不得了,這個時候的香水只能擦在搖動的部位,如腳、腳踝內側、裙擺。在這種香水容易被困住的場合,最好擦在下半身。因為人多,千萬別像打翻整瓶香水似的,而且近距離談話的機會很多。如果妳想在擦身而過時吸引眾人的目光,搖動部位的威力便會發揮得淋漓盡致。

擦在絲襪和下半身留香持久

當妳考慮到持久問題,又希望香氣由下而上散發繚繞,擦滿下半身就是一個很好的主意。例如大腿內側、腳踝內側、膝蓋內側,以及長統襪上。雖然在絲襪上擦香水的人很少,但在穿上之前,先用噴頭噴一噴,就有出乎意料的隱約氣息,而且香氣可以持久。它比擦在肌膚上的香氣更不易消失。

香水如毒藥,如果一個女人能做到像巴黎香水一樣五迷三道,那妳可以直接晉級啦!

狐狸精性格修鍊術

有了狐狸精的身材，還要學會狐狸精的嬌媚。沒有狐狸精的性情，身材再棒也只不過是花瓶，這年頭，男人可不是那麼好唬弄的。唯有百煉鋼成繞指柔，才能一路高歌，把男人真正地、徹底地、永遠地踩在石榴裙下。從此以後，狐狸精才可以一勞永逸，高枕無憂。有無聊人士問蔡瀾：「羊肉那麼騷，妳吃它做什麼？」蔡瀾答：「羊肉不騷，女人不嬌，有什麼意思？」

黃任中回憶陳寶蓮的時候老淚縱橫：「我初見她時，她好美，美的同時又好嬌。」如此嬌滴滴的女人，才能吸引一個男人長久的呵護欲。想念著她又嬌又美的模樣，男人一邊流著口水，一邊沉醉在又痛苦又甜美的思念中。

因此壞女人性格修鍊的第一招就是學嬌。

在開始修錬之前，首先給大家糾正一個司空見慣的誤解，很多女人都以為學嬌就是發嗲，嗲得毫無來由且令人毛骨悚然，殊不知，這會嚇壞男人的。林志玲是個極品美女吧！可是據我所知，好多男人都異常反感她說話那個嗲勁。

　　還有一次，在飛機上見識一位空姐，人長得非常標緻，就是說話嗲得一塌糊塗，本來能喝兩杯水的，可是為了避免聽到她那讓我頭皮發麻的聲音，我老早就搖頭免了。可是坐在我前排的那個男士似乎非要弄出個水落石出，就主動問她：「小姐是臺北人？」

　　只見空姐莞爾一笑，非常嫵媚，但是接下來的話就讓她嫵媚不起來了：「不是，我是東北人。」

　　聽完之後，我捂著嘴巴發笑，心中自問：敢情這天下想嫵媚的女子都統一成港臺腔了？瞧人家這東北姑娘都修錬到和林志玲不分上下了。

　　發嗲的影響從那位男士不太真誠的苦笑上就可以證明了。

　　因此，學嬌的第一步，就是先定下心來，拒絕發嗲，對著一樣東西（哪怕是最細小的東西），從無到有見景生情直至嬌寵得渾然忘我，彷彿它是妳懷中的嬰兒。

　　佛說：「妳心裡有荷花，眼前就盛開荷花。」見諸於男人，其實男人就是穿著成人西裝的嬰兒，思想老成，內心單純，妳當他是嬰兒，他便對妳心存感激；妳輕易饒恕他的錯誤，他便將妳視作天

上才有人間難尋的尤物，疼愛之情油然而生。妳嬌他，他便嬌妳，這是再簡單不過的道理。如果妳對一個微不足道的對象都充滿了愛意，對於一個可以為妳買單、愛護妳的男人，又有何難？

第二招，學柔。

百煉鋼成繞指柔，會柔的女人就好比夏天裡的一張水床，冬天裡的狐狸毛圍巾，而不是一塊黏在男人鞋底骯髒的口香糖，左拉右扯都趕不走，不得已與她相對時心裡還直犯嘀咕。會柔的壞女人人緣反而是極好的，但她絕不會以犧牲自己的美態來換取一種庸俗的認同，因此她的男人緣就越加的好，女人緣也因她的男人緣好而越加的好，異性間流淌著又欽又慕的柔情，同性間浮動著又羨又妒的目光，就這樣飄來飄去，達到一種類似「核恐怖平衡」那樣的情感平衡。

生活在很多時候就是一種枯燥的重複，不向他人抱怨是最為可貴的性格。歎氣可以有效地放鬆和調適身心，氣功裡的沉肩墜肘就是以歎氣為前提的。男兒有淚不輕彈，他不向妳抱怨並不意味著他沒什麼可抱怨。妳不抱怨，其實就給了他一個抱怨的機會。誰都知道，相識滿天下知音卻難覓。其實就是一個尋找傾聽者的過程，妳並不需要為男人解決任何問題，只讓他痛痛快快地偶爾發洩一下就好了。當別的女人嘮嘮叨叨摔東摔西的時候，妳還能千嬌百媚地遞給男人一杯咖啡，這樣的觀音姐姐，他怎麼捨得離開妳？

第三招，學嗔。

不會嗔的女人，即使怎麼華麗，也總是缺少了一股靈動之氣，不生動。會嗔的女人的典型表現就是一邊飛揚跋扈地把手伸進男人的腰包，一邊給他一個熾熱的香吻，似怨非怨地嗔道——人家對你好不好嘛？此情此景，男人早就忘乎所以了，只陷入以成功征服這樣的壞女人而引以為人生一大快事的深井，在那時的他看來，什麼事業、金錢，不都是為了博得美人一嗔而服務的嗎？

為什麼要學嗔呢？兩個人相處，難免會有意見相左的時候，小嗔一下既是互相增進瞭解的機會，又是醞釀吵架的暗礁，如何既想表達自己的看法，又不想傷害任何人，這就需要一面鏡子來當裁判，收錄音機就充當了這樣一個裁判。《紅樓夢》裡面，林妹妹文采不凡，妙語連珠，但最不會說話的就是她，因為她每句話都像刀子一樣直插敵人的心臟，她根本將所有人都當成了敵人，敵我不分連自己都攪了進去，最後硬是將自己的情人推進了情敵的洞房。

一個聰明的女人，不僅要懂嬌柔，會嗔怪，更要立場堅定，不容侵犯，原則問題無小事，練就狐狸精的性情，孰可忍孰不可忍一定要把握好火候。搞不好妖精沒當成，卻被男人給降服了，那可就慘了。

狐狸精的「思生活」

狐狸精也分層次，基本上可以分為有思想含量的和沒有思想含量的。思想是人類和動物存在的最大區別，也是膚淺的狐狸和偉大的狐狸精劃時代的分水嶺。做狐狸精，最怕「胸大無腦」，呵呵，恕我直言，不過真的是為了妳好。

人類一思考，上帝就發笑，一個完美的「壞」女人，不一定非得朝思想家那個方向發展，只要學會蹲在巨人的肩膀上學得一知半解就可以了，給自己鍍鍍金。

不過即使這樣，這個階段的修鍊也需要很長的時間，主要用於拓展自己的知識面、學會恭維男人及建立與男人平等的價值觀。

掌握一定量的基礎知識

花瓶是經不起推敲的，狐狸精女人做的可是持續一生的大「生意」，沒文化可是辦不了事的，不讀書、不看報很快就會落伍的。

如果不會英語，起碼學點日語吧！如果不會日語，起碼會法語的「你好」和「我愛你」，再不然的話，應該會用西班牙語從一數到十，雖然不確定什麼時候能用得上，卻是陌生的兩個人開始交談的橋樑。

另外，學點哲學，不知道叔本華和黑格爾是誰，起碼也該知道米蘭・昆德拉吧！現在的男人最愛拿他們做比喻；學點經濟學，用最初級的經濟學原理解釋一些顯而易見的現象，會讓人對妳肅然起敬，從此和庸俗脂粉劃清界限……

學習恰到好處地讚美男人

說白了，這個世界上並沒有多少男人希望坐在對面的美麗女性比他們強很多，他們對於掌握著過多知識和權勢的異性有著天然的恐懼，且這種恐懼使他們坐立不安，更不必說產生出想與之攀談的欲望。

因此，打開話題後，最重要的是傾聽，是恰如其分的點頭恭維和滿眼蕩漾的深不見底的崇拜。一個女博士未必比一個半瓶子醋的女人更善於攻心，正因為她似懂非懂，眉頭似蹙非蹙，眼神似笑非笑，嘴角似啟非啟，她才性感，才令他陡然間心生蕩漾，產生愛慕之心。

席間發問可套用以下幾個句型：

1. 讚許型：啊！你知道那麼多呀！可是你並不是學這個科系的呀？

2. 明知故問型：你剛才說的，是不是這個意思？

3. 悵然若失型：這麼愉快的談話眼看就要結束了，可是我必須趕回去做一些事情，有時候找一個談得來的人真難啊！

4. 放長線型：其實，我還有好多這方面不明白的問題，以後可以再請教你嗎？

樹立男女平等的價值觀

前面的幾百年都過來了，妳已經是一個百毒不侵、百鳥朝鳳、百煉成鋼的壞女人，眼前這一百年，似乎在教妳全盤放棄，其實不然，心中無劍，才是真正的劍；戰爭的深處，居然是和平二字。也告訴妳，征服男人的迢迢征途走到了這個階段，心中已經沒有了愛恨糾葛。男人可以擁有的職位、薪水、地位，妳一樣可以擁有。

這世界一半屬於男人，一半屬於女人，妳的生命，並不依附於他。此外，妳還擁有美麗。在他眼裡美麗，在別的男人眼裡，也美麗。妳磨練自己、打造自己，甚至不惜重塑自己，為一個男人付出情、付出性，最後收穫平等。妳們兩個是平等的，但為了換取這個平等，妳必須放低姿態。

放低姿態並不意味著任由別人佔據妳生活的全部。真正的主角是妳自己，而他的出現，只是因為妳選中了他。

　　如果他離開，妳還要將自己的戲隆重地演下去，妳缺少的，只是一個錦上添花的男配角。不缺少的，是來自自己生命深處的掌聲。告訴自己：失去的只是鎖鏈，換來的是美麗的新世界。

　　妖女，妳必須要無時無刻的提醒自己：身體是享受生命的，愛情是使生命更美好的，如果不能夠，換之。離開的也許只是一棵無根的樹，收穫的將是整個森林。完全在於妳如何想它，幸福只是一種感覺。

國家圖書館出版品預行編目資料

好女人都是狐狸精？／李意昕著.
初版－－ 台北市：字洞文化出版；
紅螞蟻圖書發行，2006〔民 95〕
面　　公分，－－(Woman's Life ; 17)
ISBN 978-957-659-584-4 (平裝)

1.兩性關係
544.7　　　　　　　　　　　95021727

Woman's Life　17

好女人都是狐狸精？

作　　者／李意昕
發 行 人／賴秀珍
榮譽總監／張錦基
總 編 輯／何南輝
文字編輯／林芊玲
美術編輯／劉淳涔
出　　版／字洞文化出版有限公司
發　　行／紅螞蟻圖書有限公司
地　　址／台北市內湖區舊宗路二段 121 巷 28 號 4F
網　　站／www.e-redant.com
郵撥帳號／ 1604621-1　紅螞蟻圖書有限公司
電　　話／(02)2795-3656（代表號）
傳　　眞／(02)2795-4100
登 記 證／局版北市業字第 1446 號
港澳總經銷／和平圖書有限公司
地　　址／香港柴灣嘉樂街 12 號百樂門大廈 17F
電　　話／(852)2804-6687
法律顧問／許晏賓律師
印 刷 廠／鴻運彩色印刷有限公司
電　　話／(02)2985-8985 ・ 2989-5345
出版日期／ 2006 年 12 月　第一版第一刷

定價 220 元　港幣 73 元

ISBN-13：978-957-659-584-4　　　　Printed in Taiwan
ISBN-10：957-659-584-3